中国古代人才思想丛书

中国历代名人人才思想汇编

王通讯　编著

党建读物出版社

序　言

祖国历史悠久，文化光辉灿烂，各类经书典籍让人目不暇接。在我研究人才学的过程中，经常看到一些经典性的论述令人驻足、令人动容，往往随即拿出笔来将其记录下来以备后用。天长日久，竟有了厚厚的一叠。再往后，则有了将其加以分类编排的想法，于是，便有了今天这套《中国古代人才思想丛书》的面世。

翻阅一下目录，就可以看到本套丛书的大致结构。“中国古代人才思想”特别是关于重才聚才识才用才的传统智慧与实践是一个内在的总的统领，由三个分册组成：第一册为“中国历代人才思想与制度简编”，基本上把中国历代人才思想脉络以及历代人才制度沿革厘清了，便利读者从宏观大跨度上把握我国人才思想和制度的发展过程。第二册为“中国历代名人人才思想汇编”，汇聚了我国历代著名人物有关人才问题的论述，展现了我国历史上著名人物的人才观，特别是他们关于人才制度建设和人才问题的独特见解。第三册为“中国历代经典人才论述类编”，所选条目是按照不同主题和时间排列的。这样不仅便于查找，也容易看出每一个主题思想的历史发展轨迹。或者这样说：第一册是线式（纵向）的论述；第二册是点式（人物）的论述；第三册是面式（主题）的论述。有点、有线、有面，基本上做到全面立体了。

世界上的一些有识之士认为，中华优秀传统文化中蕴藏着解决当代人类面临难题的重要启示。我们就是要学会借鉴传统智慧，解决当前问题，学会在新的历史条件下识人、用人，把中华大地上最为宝贵的人才资源开发好、组织好、使用好，使其爆发出振兴中华的巨大能量！

在编写这套丛书的过程中，我经常从心底涌现出一种民族自豪感，自认为我们祖先人才思想之深刻性与系统性，是世界其他国家难以匹比的。同时，我也深感自己的挖掘、理解与梳理工作做得还远远不够，希冀着有更多年轻学者能够关注这个有价值的领域，做出更多更好的工作。

任何经典论述，从其产生的当时情况看，都具有合理性，包含着一定的真理。这是其可贵的一面。但这以后，历史还在不断发展进步，又会遇到如何结合当时实际理解运用的一面。所以在阅读这些文字的时候应该注重把握其精神实质。

在这套丛书即将面世的时候，我应该对山西省社会科学研究院的楚刃老师表示特别的感谢。这是因为楚老师不仅对我所引用的古文进行过仔细的校正，而且对这套丛书内容的编排提出过很好的建议。所有这一切，都基于他多年来对中国人才史的深研功夫和其助人为乐的精神。

我还应该对党建读物出版社的郭涛同志表示衷心感谢。在审阅书稿的过程中，他不仅对一些难以把握的内容提出过中肯的修改意见，而且对所引文字进行了缜密的审核。没有他的严格把关，这套丛书是很难完成的。在此，我也向对这套丛书的出版给予关心帮助的所有同志一并表示衷心的谢意。

王通讯

2024 年 4 月 16 日于海棠在望书斋

目　录

一、管仲的人才思想

（一）管仲其人

管仲，即管子，又名夷吾。春秋初期齐国人。约公元前 725 年至前 645 年在世。其祖籍是安徽颍上。管仲所处的时代，列国兼并，征战不休，周王室一蹶不振。管仲通过结识鲍叔牙，后来成为齐国国相。管仲认为，齐桓公要想称霸海内，必须要“用贤”，也就是要使用人才，并由此阐述出其一系列人才思想。其中“一树百获”思想，最为杰出。

唐太宗曾特命房玄龄注释《管子》一书，由此可知管仲影响之大。诸葛亮曾自比“管乐”，这个“管”就是管仲。管仲是我国古代人才思想最为丰富、系统的政治家、思想家与实践家。

（二）关于“一树百获”的人才经济学思想

管仲最大的贡献，是在两千多年前就提出了具有现代水平的人才经济学思想。在《权修》中，管仲说：“一年之计，莫如树谷；十年之计，莫如树木；终身之计，莫如树人。一树一获者，谷也；一树十获者，木也；一树百获者，人也。我苟种之，如神用之，举事如神，唯王之门”。

西方经济学家20世纪60年代才认识到，对人力资本的投资，是收益最大的投资。从这个角度来看，管仲是一位具有原创性的了不起的古代人力资本思想家。

（三）论称霸须汇聚天下之英才

齐桓公要拜管仲为相，管仲不受。桓公问为什么？管仲说，要盖一座大厦，非一木可成；要成就大业，必须用五杰方可。这五杰都比我强。可见，管仲早就留心国内的杰出人才了。

他进一步指出：“不知贤，害霸；知贤而不用，害霸；用而不任，害霸；任而复以小人参之，害霸。”连续四个害霸，讲明了用贤的重要性。管仲建议齐桓公：“请以游士八十人，奉之以车马衣裘，多其赀帛，使周游于四方，以号召天下之贤士。”

（四）管仲论领导用人

1. 管仲论领导“不自用其智”

管仲将天下君主分为两类，一类是明主，一类是乱主。

乱主的特点是“独用其智，而不任圣人之智；独用其力，而不任众人之力，故其身劳而祸多”。

明主的特点是“不用其智，而任圣人之智；不用其力，而任众人之力”，“身逸而福多”。

结论是：“用贤则治，自用则败。”

明主不自用其智，而用圣人之智。为什么要用圣人之智？因为“国危，则圣人知矣”；“圣人之动静、开阖、诎信……取与之必因于时也。时则动，不时则静”；“圣人先知无形”。

2. 制定“三审（三本）四慎”的用人方针

“三审”：“一曰德不当其位，二曰功不当其禄，三曰能不当其官”，“三本者审，则下不敢求”。

“四慎”：“一曰大德不至仁，不可以授国柄；二曰见贤不能让，不可与尊位；三曰罚避亲贵，不可使主兵；四曰不好本事，不务地利，而轻赋敛，不可与都邑。”

危害何在：“国有德义未明于朝而处尊位者，则良臣不进；有功力未见于国而有重禄者，则劳臣不劝；有临事而不信于民而任大官者，则材臣不用。”良臣不进，劳臣不劝，材臣不用，“则邪臣上通”。

3. 管仲论用人不能求全责备

管仲说：鲍叔牙这个人，是一个君子。他好善恶恶。但是他不能为国有屈有伸。我让他当我的副手，负责考察官吏。

宾胥无决狱折中，不杀无辜。但是也有不能为国屈伸的缺点，我让他负责“大理司”的工作。

季友这个人，缺点是“多小信”，但是他“恭以精”，渊博于礼乐，我就建议让他去当出使鲁国的外交官。

4. 管仲论纳谏是用人的内容

范文澜评说唐太宗治国之道时说：“太宗治国大略就是两条，一条曰用人，一条曰纳谏。”其实，纳谏也属用人的题中应有之义。

管仲认为，作为一个君主，要想用好贤能，必须能够纳谏。“谏者，所以安主也；食者，所以肥体也。主恶谏则不安，人飺食则不肥。”他说，“禹立谏鼓于朝”，“汤有总衔之庭”，建议齐桓公设立“啧室”，以征求对君主和朝廷的意见。

5. 管仲论领导不能干扰下面的职事

管仲认为，领导用人就要授权给他。授权了，又去干扰其职内的事，下面就会懈怠，造成百事皆废。管仲把上面包办下面的事叫“矫”，下面僭越上面的事叫“胜”，各守其职叫“理”。

管仲还认为，上级插手下面的事，对上级不好。“为人君者，下及官中之事，则有司不任；为人臣者，上共专于上，则人主失威。”“上共专于上”，是指相互勾结共分君权。

6. 管仲论用人要职责分明

管仲说：“君者执本，相执要，大夫执法……群臣竭力以役其上。”除君臣各司其职外，百官还有各自的分职。“百官分职致治以安国家。”

分职是为了各行其职，上下左右不互相侵夺干扰，使得诸事有序进行。有了职守，有了职责范围，这也为考核制度的建立，打下了基础。

7. 管仲论用人要先知人

管仲认为，用人要先知人。包括：要知人之长短，知人之善恶，知人之德能。

管仲认为，只有做到知人，才能做到“勿强不能”。强人之难，“劳而无功”。

管仲认为，用人应该“取人以己”。就是，把自己摆到被用的地位上考虑问题。“己之所不安，勿施于人”。

管仲认为，用人“必须得其心”。管仲的原话是“人心逆则人不用”。

8. 管仲论人才考核

管仲认为，任用与考核这是相互关联的两件事。是继续连任，还是上升、下降都应该以考核结果为依据。

管仲主张的考核方法有：（1）下派式考核。派专门的官员下至基层考核。（2）汇报式考核。由五属大夫、乡师在每年正月亲自向桓公汇报。（3）上计式考核。就是按照行政范围逐级上报。每年春天，临朝听政，评定奖赏；冬天惩罚犯罪，执行刑杀。每次各持续五天时间。

（五）管仲的人才分类

1. 管仲对臣子的分类

臣子是治国之道的具体实施者，故其人品十分重要。

管仲依据德、能、功，将臣子分为17品。

（1）忠臣（忠国、忠君，直进以论其能）；（2）经臣（德高望重，一身正气）；（3）有道之臣（君知则仕，不知则已）；（4）法臣；（5）饰臣（喜好伪饰）；（6）侵臣（侵害法度）；（7）谄臣（谄媚）；（8）愚臣（愚笨）；（9）乱臣（乱国害法）；（10）奸臣（阴险狡诈）；（11）无道之臣（巴结逢迎君主，骗取宠幸）；（12）诬能篡利之臣（冒充才能，篡取利益）；（13）良臣；（14）劳臣；（15）材臣；（16）方正之臣；（17）邪臣。

2. 管仲对士的分类

由于士是官的主要来源，所以管仲对士十分重视。管仲把士定义为具有义、孝、敬、爱、悌，并且不见异物而迁的人。（《管子·小匡篇》）他特别重视从农民中成长起来的士。当然，士也并非人人皆善，可以分为18品。

（1）信士（名实一致，忠诚不贰）；（2）端正之士（品行端正）；（3）法术之士（明于法术）；（4）言实之士（实事求是）；（5）道正直士（守道正直）；（6）诚信仁义之士；（7）大士（大士不矜）；（8）高士（高明）；（9）智士；（10）贤士（《管子·法法篇》：钓名之人无贤士焉）；（11）正士（《管子·桓公问篇》：人有非上之过，谓之正士）；（12）愚士；（13）毁誉之士；（14）闻识博学之士；（15）谌杵之士（才能强、善办事、熟悉法度）；

（16）罢士（《管子·小匡篇》：罢士无伍。房玄龄注：罢，谓乏于德义者）；（17）列士（烈士）；（18）正言直行之士。

（六）管仲论贤才多出自平民

1. 士农工商中出人才

管仲认为，士农工商四民的孩子，从小受到长辈的教育，会涌现出杰出的人才。他专门派晏子和高子到民间去寻找贤能，按照德才标准分为三等，命各县将预选上的人送至相府，经管仲亲自考察推荐给国君，由国君任用。每年如此。

士的标准是：（1）谦卑恭敬；（2）孝敬老人官长；（3）与尊贵相交，不失礼仪。

农的标准是：（1）努力生产；（2）父母顺心满意；（3）与之交往多是贤者。

工、商的标准：（1）顺应父母；（2）奉养长老；（3）承办事务恭敬努力。

达到三条为一等；二条为二等；一条为三等。

2. 人才要依法荐举和自荐

管仲认为依法荐才是臣子的责任。依法荐才的要求是:（1）不私亲，不避疏;（2）不避卑贱;（3）所荐者胜任，重奖；所荐者不胜任，严处。

关于自荐，规定:“自言能为司马而不能为司马者，杀其身以衅其鼓；自言能治田土不能治田土者，杀其身以衅其社；自言能为官不能为官者，刖以为门父。”

3. 育才之本是“四维教育”

管仲早在2600多年前就指出:“仓廪实则知礼节，衣食足则知荣辱。”这是存在决定意识的一条原理。但是，在具备物质基础的前提下，人是需要进行教育的，教育的主要内容应该是“礼义廉耻”四维。

“四维不张，国乃灭亡。”“国有四维，一维绝则倾，二维绝则危，三维绝则覆，四维绝则亡。倾可正也，危可安也，覆可起也，灭不可以复错也。”“何谓四维？一曰礼，二曰义，三曰廉，四曰耻。”（《管子·牧民》）

（七）管仲的人才选拔之法

1. 管仲制定的人才选拔方法

为“官得其人”，管仲制定的选拔方法有四种。

（1）逐级推举法。只要发现人才，就要逐级上报。什伍以复于游宗（什伍之长，上报游宗），游宗以复于里尉，里尉以复于州长，州长以计于乡师，乡师以著于士师。

（2）派人考察法。派专人对吏民进行考察，以发现其善者，及时上报齐桓公，以备选用。

（3）官吏推举法。放手让州县官吏推荐人才。“凡于父兄无过，州里称之，吏进之，君用之，有善无赏，有过无罚，吏不进，廉意”（官吏不举荐，那么就要解除官吏的职务）。

（4）国君三选法。齐桓公每年要听乡长、五属大夫向他汇报政事，其中荐举贤能是重要的一项。荐举上来的贤能桓公亲自接见，安排在官府供职。命令官员每年对下属贤人作出鉴定。根据鉴定，齐桓公还要进行查询，招来面谈，观其身体状况。确实有能力业绩，就加以任命。面谈过程中，对国家大事对答如流，就提拔为上卿的助手。管仲将这种选拔人才的方法叫做“三选法”。

2. 管仲规定的人才选拔原则

（1）选才要看大节，勿求全责备。他说，鸟雀从北方起飞到南方，最后到达就行了，不必因为它中间到山林休息、觅食就责怪它。

（2）举才勿避卑贱。贤才，上层、中层、下层都有。卑贱的人中，也有人才。

（3）举才不弃少贤。年少的人中，也有人才。

（4）依法授官。无论亲疏、远近、贵贱、老少、官民，都要按法行事。

3. 积极推动“试官法”

管仲主张，对于初选之官，让其担任一定职务，看其胜任与否。通过考核决定授职与否，或者高授、低授。“言勇者试之以军，言智者试之以官；试于军而有功者则举之，试于官而事治者则用之。”（《管子·明法解篇》）“誉人者试之以其官……吏而乱官者，诛”。

管仲举例说，“治一乡，亲其父子，顺其兄弟，正其习俗，使民乐其上，安其土，为一乡主干者，乡之人也。”

由于管仲的重视，几乎所任皆试。齐桓公亲自接见，授予官职，对其业绩进行调查，积极推动这一措施的实行。

（八）管仲论争天下必先争人才

管仲是中国历史上第一个系统论述天下人才争夺的人。他说：“夫争天下者，必先争人……得天下之众者王，得其半者霸。”

人才招徕就是今天的招才引智。管仲认为要想把人才招来，需要做到以下几点：

（1）礼而尊之。“圣王卑礼以下天下之贤而王之”，（《管子·霸言篇》）“假（赞美）而礼之”。

（2）厚而勿欺。（“厚而勿欺，则天下之士至矣”。“民，利之则来，害之则去。民之从利也，如水之走下，于四方无择也。故欲来民者，先起其利，虽不召见民自至；设其所恶，虽召之民不来也。”）“召远者使无为”（招引远方人，只凭命令是不行的）。

（3）均分（合理分配）。

（4）明大数。自己要有大计大略（谋略规划）。“明大数者得人，审小计者失人”。（《霸言》）

（5）以道招之。要遵循治国之道，按规律办事。“民之从有道也，如饥之先食也，如寒之先衣也，如暑之先阴也。故有道则民归之，无道则民去之。”

（九）管仲的其他贡献

（1）论“以人为本”。管仲在“霸言”篇中说：“夫霸王之所始也，以人为本。本理则国固，本乱则国危。”

（2）富民思想。管仲在“治国”篇中说：“凡治国之道，必先富民。民富则易治也。民贫则难治也……故治国常富，而乱国常贫。是以善为国者，必先富民，然后治之。”管仲还提出六种富民措施：“厚其生”“输之以财”“遗之以利”“宽其政”“匡其急”“振其穷”。

（3）取之无形，予之有形。管仲在“国畜”篇中说：“民予则喜，夺则怒，民情皆然。先王知其然，故见予之形，不见夺之理。”这是管仲的“寓税于价”思想，比17世纪法国所谓“拔最多的鹅毛而不让鹅叫”更为巧妙。

（4）招徕天下人才。管仲在“五辅”“小问”篇中说：“得人之道，莫如利之”；“选天下之豪杰，致天下之精材，来天下之良工，则有战胜之器矣。”

（5）民分四业的思想。管仲在“小匡”篇中说，“士农工商四者，国之石民也，不可使杂处，杂处则其言哤，其事乱”，即强调专业分工非常重要。亚当·斯密说：“能力是分工的结果，而不是分工的原因。”大卫·李嘉图说：“专业分工能创造价值。”

（6）建立最早的生产责任制。管仲在“乘马”篇中说：“均地分力，使民知时也。”春秋时期的井田制，把农奴束缚在田地里，农奴没有劳动积极性。分田到户，自己耕种是一场改革。管仲还实行了“相地衰征”，减轻农民负担。

（7）实行“盐铁专营”“官山海”。

（8）开创了人类历史上最早的经济繁荣。齐桓公称霸对应西方希腊、雅典繁荣期。临淄是当时最大最繁荣的世界城市。

二、老子的人才思想

（一）老子其人

老子，姓李名耳，字聃。约于春秋时期公元前 571 年—前 471 年间在世。

他是楚国苦县（今河南鹿邑县）人。曾任周国都邑藏室史，相当于今天的国家图书馆馆长。他博学多才，孔子周游列国曾向他请教问礼。老子晚年乘青牛西去，在函谷关（今河南灵宝县）写成《道德经》，之后出关，不知所终。

古时，“老”“李”同音，所以，有学者认为，老子之所以称老子，就是李子之意。

（二）老子的《道德经》

老子的《道德经》是一部奇书。短短五千字，容纳进巨大的智慧，而且至今人们尚未真正弄懂弄通。老子之书，言简意赅，智慧深邃。在论述问题时，往往从反面入手，能够使人有豁然开朗之感。例如，老子主张“不尚贤，使民不争”。对于人才问题，老子从哲学高度也多有涉及，而且立意高远，发人深省。通过介绍老子的人才思想，不得不得出这样的结论：老子是圣人，我们是凡人。

（三）老子论人才成长

1. 规律：大器晚成

老子在《道德经》第四十一章中说：“大器晚成”。第五十九章中说：“深根固柢，长生久视之道。”

韩非子在《解老》篇中对此有解释。他说：“柢固则生长，根深则视久。故曰：深其根，固其柢，长生久视之道也。”柢即直根，曼即细根。韩非子认为，柢乃德，乃精神；曼乃禄，乃物质。一个人要成大器，必须下一番深根固柢的长期功夫。

在第六十四章中，老子说：“合抱之木，生于毫末；九层之台，起于累土；千里之行，始于足下。”“民之从事，常于几成而败之”。

2. “多则惑，少则明”的学习与讲授规律

对于求知，老子有一个说法：“多则惑”。愈是要多

学，愈是记不住。还不如每次少学一点儿。同样，对于教师来讲，也要少讲。毛泽东就主张“少而精”的教学法。

这对人才培养、学校教学、继续教育都有重要启迪。

乔布斯介绍苹果公司的产品，每次都用很少的 PPT，而且经常只讲三个要点。他说，这是他从心理学研究成果中得到的认识：多则惑，少则明。

领导者讲话要想让人记住，也不能一讲一大片。要突出要点，讲几条重要的。

3. 老子论“人人皆可成才”

老子在《道德经》第二十七章说：“圣人常善救人，故无弃人；常善救物，故无弃物。是谓袭明。”

袭明，明白之意。在会用人者的眼里，是没有废人的；在会用物者的眼里，是没有废物的。

（四）老子论领导人才

1. 领导人才有四重境界

老子认为领导者有四重境界：“太上，下知有之；其次，亲而誉之；其次，畏之；其次，侮之。”（《道德经》第十七章）

最好的领导者，老百姓只能感觉到他的存在。没有他的发号施令，没有他的监督，老百姓就知道干什么，怎么干。

次好的领导者，老百姓对他亲密有加，发自内心地赞美他。

再次好的领导者，有威严，老百姓对他感到害怕。

最差的领导者，老百姓咒骂他。

2. 老子论“善用人者为之下”

在老子的《道德经》中，真正讲用人的地方就是7个字：善用人者为之下。这是在第七十章讲的，其意思是，善于用人的人总是待在人才的下面。也有人解释为：善于用人的人，总是谦和处下。

这就是邓小平讲的“尊重知识，尊重人才”。

历史上，刘备对这一条理解、实行得非常到位。

尊重人才的标志是什么？咨之以计谋。例如，刘备礼贤下士，三顾茅庐，得到了“三分天下”的战略思想。

《道德经》第六十八章说：“善为士者不武；善战者不怒；善胜敌者不与；善用人者为之下。是谓不争之德，是谓用人之力，是谓配天，古之极。”

3. 老子论“治大国若烹小鲜”

老子在《道德经》第六十章中说：“治大国若烹小鲜。以道莅天下，其鬼不神；非其鬼不神，其神不伤人；非其神不伤人，圣人亦不伤人。夫两不相伤，故德交归焉。”

鬼，归也，阴气。神，伸。

《道德经》第四十八章中说：“取天下常以无事；及其有事，不足以取天下。”

这里指的就是不折腾。

为什么要折腾？折腾的名义：“发展”、“政绩”、权威、私利。

（五）老子论防止人才外流

老子在《道德经》第二十七章中说：“善闭无关楗而不可开；善结无绳约而不可解。”

善闭，善结，可以理解为善于吸引、留住人才。拴心留人。

（六）老子论人才的有用与无用

老子在《道德经》第十一章中说：“三十辐共一毂，当其无，有车之用。埏埴以为器，当其无，有器之用。凿户牖以为室，当其无，有室之用。故有之以为利，无之以为用。”

有与利连在一起，无却与用连在了一起。埏，和也。埴，土也。老子在这里大讲无的用处。例如，一张白纸好画最新最美的图画。

历史上“敌国破，谋臣亡”，就是有用变无用的案例。

宋朝人辛弃疾为抗金英雄，不为朝廷重用，只好面向“山林”，自号“稼轩”。他写词道：“味无味处求吾乐，材不材间过此生。”

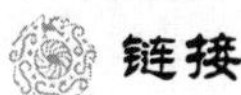

链接

鹧鸪天·博山寺作

（宋）辛弃疾

不向长安路上行。却教山寺厌逢迎。味无味处求吾乐，材不材间过此生。宁作我，岂其卿。人间走遍却归耕。一松一竹真朋友，山鸟山花好弟兄。

注：味无味，老子语。材不材，庄子语。

（七）老子质疑“跨越式发展”

老子认为“企者不立，跨者不行”（《道德经》第二十四章）。意思是说：你踮起脚尖，想看得更远，但是，时间长了，就支持不住了，不得不把脚放平。你追赶前面的目标，想脚不着地，三步并作两步跨过去，但是这么做，反而走得不快。

有的地方在制定人才发展规划的时候，提出要实行跨越式发展。其实，这是值得提出疑问的。

历史上曾经有过跨越。要分析跨越的条件与时机，以及当地是否具备应该具备的条件。一般情况下，说着容易，实行困难。事实上，很多地方没有做到，只留下了口号。

当前第四次工业革命正在到来，我们应该怎么做?值得重视的是“横向跨越”，跨上正在我们身旁飞驰的快马——信息革命、生物革命、纳米革命。

（八）老子论“上善若水”

老子的哲学是水的哲学。《道德经》第八章中说：“上善若水。水善利万物而不争。处众人之所恶，故几于道。”“夫唯不争，故无尤。”

《道德经》第六十六章中说，“江海所以能为百谷王者，以其善下之”。

“心善渊”(《道德经》第八章)：深潭为渊。老子认为，人的内心，应像渊水一样深湛，像渊水一样宁静。

“天下之至柔，驰骋天下之至坚。”(《道德经》第四十三章)“天下柔弱莫过于水，而攻坚强者莫之能胜”。(《道德经》第七十八章)

领导者应该向水学习，看看水还有哪些值得效法之处?

三、孔子的人才思想

（一）孔子其人

孔子，名丘，字仲尼，春秋末期鲁国人。公元前551年—前479年在世。其先祖为宋国贵族，曾祖父逃难至鲁国。父亲曾做过鲁国陬邑宰，后没落。孔子具有强烈的从政思想，崇拜辅佐成王的周公旦，希望天下一统，诸侯用贤。孔子不仅是一位伟大的教育家，而且是一位重要的人才学家。其开拓性的人才思想在中国历史上占有思想源头的重要地位，他的不少论述，对于在今天社会主义条件下的识人用人仍具有启示作用。

（二）孔子论人才标准

孔子说："才难"，就是"人才难得"之意。不过，在那个时代，一般称人才为"贤""贤才"。

孔子认为人才的标准是“志于道，据于德，依于仁，游于艺。”（《论语·述而》）这里讲的道、德、仁属于品行范畴，而艺则指的是礼乐射御书数等技能。

他还说：“士不可以不弘毅，任重而道远。仁以为己任，不亦重乎？死而后已，不亦远乎？”（《论语·泰伯》）

孔子为人们树立的人才现实标杆是颜回。他说：“回也，其心三月（长期）不违仁，其余则日月至焉而已矣。”“贤哉，回也！一箪食，一瓢饮，在陋巷，人不堪其忧，回也不改其乐。贤哉，回也！”（《论语·雍也》）

（三）孔子的识才方法

孔子认为，贤才与小人不是那么容易辨别的。要注意小人的伪装与掩饰。一防“巧言令色”；（《论语·学而》）二防“足恭”（十足的恭顺）；（《论语·公冶长》）三防“色装”“匿怨”。（《论语·先进》《论语·公冶长》）

孔子提供给人们的考察方法是“听其言而观其行”。（《论语·公冶长》）具体有三条：“视其所以，观其所由，察其所安”（看其所交结的朋友是谁，看他达到目的的途径如何，看其安心于什么、不安心于什么）。

案例

怎么考察一个人

孔子的学生子贡曾问他，假如考察某个人，乡里人都说他好（皆好之），他就是个好人吗？孔子回答说，不能说他就是好人；子贡又问假如乡里人都说他坏，他就是坏人吗？孔子回答说，也不能就说他这个人坏。子贡说，那我就不明白了。孔子说，如果乡里的善人都说他好，坏人都说他不好，那他就是一个好人了！（《论语·子路》）

（四）孔子论人才面试之陷阱

在孔子所处的时代，由于科学知识的短缺，不少人从人的相貌与言谈来对人作出判断。孔子不同意这种肤浅的看法，结合自己的阅人实践说："以貌取人，失之子羽；以言取人，失之宰予。"（《论语》）这是目前可见的最早的关于辨别人才存在陷阱的论述。

荀子专门写有《非相》篇，认为"相形不如论心，论心不如择术"。他还举例说，卫灵公有个臣子叫公孙吕，此人身长七尺，面长三尺，脸宽三寸，怪模怪样，然而却"名动天下"；楚国的孙叔敖头发短少，左手长，右手短，身体低于车前横木，"而以楚霸"。

但是，以貌取人的错误的人才观，至今影响仍在。

（五）孔子的人才分类思想

孔子把人才分为两个大类，一类是正面的，一类是负面的。正面的有圣人、善人、成人（完善无缺）、士、君子；负面的是愚人和小人。

其中，君子是通过量才而用的社会主体；小人则是重点防范的对象。小人的特点是“怀惠”（逐利）、“穷斯滥”（为了摆脱困境，什么手段都用得出来）、“比而不周”（拉帮结派，不是为了团结，而是互相厮杀），由于“小人之过也必文”，常有“戚戚”忧愁之感。（《论语·述而》）

（六）孔子的人才发现思想

孔子认为“十步之内，必有芳草”，人才是客观存在的，重要的是要善于发现。

孔子的学生仲弓做了季氏的主管，问孔子怎么做才能发现人才，孔子说：“举尔所知。尔所不知，人其舍诸？”

意思是，推举你所了解的人，那些你所不了解的人，别人难道会让他们埋没吗？

孔子之意在于启发仲弓，不能仅仅靠自己观察发现，还要依靠众人的力量，发现举荐人才。

（七）孔子主张对人才不要求全责备

孔子认为，一个人有过错是难免的。即使是圣人也是这样。因此，在举贤中“无求备于一人”。（《论语·微子》）“君子之过也，如日月之食焉；过也，人皆见之；更也，人皆仰之。”这对于今天选人用人同样意义重大。

案例

孔子怎么看待管仲

孔子对管仲的为人是有看法的。但是，当他的弟子批评管仲“不仁”（齐桓公杀公子纠）的时候，孔子则公正地说：“管仲相桓公，霸诸侯，一匡天下，民到于今受其赐。微管仲，吾其被发左衽矣！岂若匹夫匹妇之为谅（守着小信小节）也，自经（自杀）于沟渎而莫之知也。”

（八）反对“世卿世禄”旧制度，主张“学而优则仕”

在孔子所处的年代，君权血缘世袭、卿大夫世袭爵禄的现象很普遍。那些凭借血缘关系而执掌大权的人，世袭富贵，不学无术，穷凶极恶，征战不已。孔子认为，对那些无道的暴君，应该推翻他，而不该侍奉他，但是，用怎样的一种新的制度代替西周以来的这种过时的旧制度呢？他所说的“学而优则仕”就是在这样一种背景下高喊出来的一个革命性口号。

孔子主张，无论贫贱富贵，不论籍贯出身，只要通过学习，具有真才实学，就可以从政济世安民。

墨子也主张：“官无常贵，而民无常贱。有能则举之，无能则下之。”（《墨子·尚贤上》）

（九）孔子论人才成长规律

1. 孔子论人才个体发展阶段

孔子认为人的一生，大致是这样发展过来的：“十有五而志于学，三十而立，四十而不惑，五十而知天命，六十而耳顺，七十而从心所欲，不逾矩。”（《论语·为政》）

从人才成长阶段看，立志成才的人，应该对自己有所约束。孔子还说过：“君子有三戒：少之时，血气未定，戒之在色；及其壮也，血气方刚，戒之在斗；及其老也，血气既衰，戒之在得。”（《论语·季氏》）

这是关于人才个体发展阶段的精彩论述。

2. 孔子提出的成才过程的几个规律

专门研究中国人才思想的李树喜与朱耀廷认为，孔子对人才个体之成才，提出了以下规律：

（1）欲速则不达。（《论语·子路》）

（2）小不忍则乱大谋。（《论语·卫灵公》）

（3）工欲善其事，必先利其器。（《论语·卫灵公》）

（4）不要功亏一篑。（《论语·子罕》）

孟子也讲过：“掘井九轫而不及泉，犹为弃井也。”

四、孟子的人才思想

（一）孟子其人

孟子名轲，字子舆，战国时期邹国人，公元前 372 年—前 289 年在世。他是孔子之孙孔伋的再传弟子。孟子三岁时父亲去世，靠母亲养大成人。年轻时候就讲学培育人才，是一位杰出的思想家、教育家。

孟子是一位性善论者，曾经在齐国的稷下学宫做过行政、学术领导人，与人争鸣，探讨学术。其辩滔滔，极具风采。

在政治方面，他主张王道与仁政。其主要思想和行为记录，保存在他和他的弟子合著的《孟子》一书中。

（二）关于学习与成才的思想

1. 关于学习

孟子在学习方面首先是强调“专心”。他说，有一个叫弈秋的人，教两个人学下棋，一个专心，一个不专心，不专心的人，一边学棋，一边想着“鸿鹄将至”，所以学得不如前者。“不专心致志，则不得也”。(《孟子·告子上》)

再次强调持之以恒。他说，有不竭源头的水，“不舍昼夜”，七八月沟渠皆满，暴雨突至，但很快就干涸了。(《孟子·离娄下》) 孟子批评了“一曝十寒”的人。“虽有天下易生之物也，一日暴之，十日寒之，未有能生者也。”(《孟子·告子上》)

孟子对学习与工作中的时机问题非常重视。在《孟子·公孙丑上》中孟子说：“虽有智慧，不如乘势。虽有镃基，不如待时。”其实，学习也有“乘势”与“待时”问题。有的时候必须抓紧时机，乘势而为；有的时候着急不得，静待花开。

孟子还强调学习、工作必须有坚持到底、“掘井及泉”的精神。他说：“有为者辟如掘井，掘井九轫而不及泉，犹为弃井也。”(《孟子·尽心上》) 学如农人掘井，要挖出水才行。没有挖到水，就换地方，是掘不出好井的。

中国有句谚语叫“功亏一篑”，讽刺的正是这种到处乱挖井、没有一个挖成的行为。

2. 关于成才

孟子在成才方面特别强调外在恶劣环境对人之成长的磨炼砥砺作用。在《孟子·告子下》里，孟子说：“故天将降大任于斯人也，必先苦其心志，劳其筋骨，空乏其身，饿其体肤，行拂乱其所为，所以动心忍性，曾益其所不能。”

“生于忧患，死于安乐”（《孟子·告子下》）的思想，是十分深刻的成才思想，在几千年中国历史上，影响久远。

为什么恶劣的环境锻炼人？孟子说：“人之有德、慧、术、知者，恒存乎疢疾。独孤臣孽子，其操心也危，其虑患也深，故达。”（《孟子·尽心上》）

在《孟子·离娄下》，孟子说，“人有不为也，而后可以有为”，很有哲学高度。

（三）孟子的人才观

1. 孟子的人才标准

在孔子的人才分类中，圣人是高不可攀的、无法企及的。所以孔子说："圣人，吾不得而见之矣；得见君子者，斯可矣。"大家看"圣"字繁写怎么写？先写一个耳字，就是只是听说（右边是个口）而已。在孔子眼里，圣人是一种见不到的人格典范。

孔子认为的圣人标准是"圣人者，智通乎大道，应变而不穷，能测万物之情性也者"，"穆穆纯纯，其莫之能循"，"则可谓圣人矣"。（《大戴礼记·哀公问》）天生无所不通者，才是孔子认为的圣人。

但是，到了孟子那里，标准变了。孟子说："圣人之于民，亦类也"，但"出乎其类，拔乎其萃"，"充实而有光辉"。（《孟子·尽心下》）

孟子认为，人才不仅应该是仁义道德之人，而且应该永不动摇。"富贵不能淫，贫贱不能移，威武不能屈。"（《孟子·滕文公下》）

2. 孟子的人才分类

孟子将人才分为若干类别：圣人、君子、大人、士。

圣人。孟子认为"圣人之与民，亦类也"，不过，是"出乎其类，拔乎其萃"的人，"充实而有光辉"。（《孟子·尽心下》）孔子认为，圣人是很神圣的，现实中难以遇到。孟子认为，有的圣人是天生的，但常人也可企及。例如，尧、舜、汤、武，周公、伯夷、尹伊、柳下惠、孔丘都是圣人，他们都有圣德，又各有特点。"人皆可为

舜尧”，是孟子有别于孔子之处。“服尧之服，诵尧之言，行尧之行，是尧而已矣。”（《孟子·告子下》）

君子。“君子所以异于人者，以其存心也。君子以仁存心，以礼存心。”（《孟子·离娄下》）最重要的是高尚的道德情操。

大人。“以其大体为大人”。大丈夫：“富贵不能淫，贫贱不能移，威武不能屈，此之谓大丈夫。”（《孟子·滕文公下》）

士。怀德、尚仁、行义之人。志士，有志之士。（《孟子·滕文公下》）

3. 孟子认为人才来自社会基层

孟子说：“舜发于畎亩之中，傅说举于版筑之间，胶鬲举于鱼盐之中，管夷吾举于士，孙叔敖举于海，百里奚举于市。”（《孟子·告子下》）

4. 孟子的广义人才观

孟子认为“人皆可为舜尧”。怎么为舜尧？“服尧之服，诵尧之言，行尧之行，是尧而已矣。”他还引用颜渊的话说：“舜何人也，予何人也，有为者也若是。”（《孟子·告子下》《孟子·滕文公上》）

毛泽东诗词中的“六亿神州尽舜尧”，与孟子相通。

5. 孟子认为人人都有值得珍视的潜能

在《孟子·告子上》里，孟子说："人人有贵于已者，弗思耳。人之所贵也，非良贵也。"

意思是说，人人身上都有值得尊贵的东西，只是没有好好思考罢了。别人所尊贵的，不一定是真正值得尊贵的。

这里，孟子强调的是，应该认真思考自己的长处，思考什么是具有真正价值的长处，而不要轻易听信别人的说法。因为，最知道自己的还是自己。

孟子举例说："舜发于畎亩之中，傅说举于版筑之间，胶鬲举于鱼盐之中，管夷吾举于士，孙叔敖举于海，百里奚举于市。"（《孟子·告子下》）

这是孟子在列举普通人照样可以有所作为，可以成才，很有说服力。

曹交曾经问孟子："有人说，人皆可以成为舜尧一样的人，是吗？"

孟子回答道："是的。"（《孟子·告子下》）

（四）孟子论领导与人才

1. 领导者必须自己是个明白人

孟子说："贤者以其昭昭，使人昭昭；今以其昏昏，

使人昭昭”。(《孟子·尽心下》)

这里的贤者，既包括教师，也包括领导者。教师头脑昏昏，是无法教好学生的；如果是领导者，那危害就会更大了。

2. 孟子论领导考察人才的方法

怎样考察人才？孟子的主要思想是兼听国人意见。也就是不要偏听。“左右皆曰贤，未可也；诸大夫皆曰贤，未可也；国人皆曰贤，然后察之；见贤焉，然后用之。左右皆曰不可，勿听；诸大夫皆曰不可，勿听；国人皆曰不可，然后察之；见不可焉，然后去之。”(《孟子·梁惠王下》)

孟子的人才考察思想是正确的。在操作层面，不可拘于所言。主要是要听取大多数人的意见。孟子的思想实际上是继承了孔子思想。孔子说：“众恶之，必察焉；众好之，必察焉。”(《论语·卫灵公》)

孟子与孔子在人才识别上的说法似乎没有什么差别。实际上的不同点在于：孔子是针对一般人品和人才识别，而孟子将其推演到为国家识别人才、选拔干部问题上了。孟子的观点，体现的是其民本思想。

这一点很重要。

链接

孟子主张考察人才需注意“眼神”

孟子曰：“存乎人者，莫良于眸子。眸子不能掩其恶。胸中正，则眸子瞭（明之意）焉，胸中不正，则眸子眊（藏匿之意）焉。听其言也，观其眸子，人焉廋哉？”（《孟子·离娄上》）

这个观点值得注意。至于其中的道理确实需要进一步研究。

链接

望之近之观察法

孟子见梁襄王（即魏襄王），“望之不似人君，就之而不见所畏焉”。意思是说，看上去不像一个君主，再走近看，一点儿谦虚、戒慎的态度也没有。这是孟子给梁惠王看相。

当时的魏国，正打了败仗，而且被强敌环伺。照理说，其君主应该有一种谦虚谨慎的样子，他却没有，惹起了孟子的反感。在当时的条件下，孟子就是这样对他观察的人，作出自己的判断的。实际上，是孟子对梁襄王气度、器识的评鉴。

链接

动态观察法

孟子在《孟子·尽心上》里说："观水有术，必观其澜。"

何谓澜？波澜也，非静止状态也。奥秘就在这里。推广来说，成才与不成才的奥秘也在这里。有的人善于观察，有的人则不善于观察。福尔摩斯说，他的助手与他不同，助手是在看，而他是在观察。这就造成了人才与非人才的重大不同。

徐悲鸿画马的故事

张大千的好友徐悲鸿与赵望云都擅长画马。徐悲鸿的名气比赵望云大，赵望云不服气。

一天，见徐悲鸿不在，赵望云问张大千，"人家都说悲鸿画马比我画得好，你说到底谁画得好？"

张大千说，徐悲鸿好。赵望云大失所望，问为什么。

张大千说："他画的马是赛跑的马和拉车的马，你画的马是耕田的马。"

不同的人，有不同的观察角度、观察点。这就区分开了优劣。

（《今参考》2012 年第 4 期）

（五）孟子论成才规律：不能拔苗助长

孟子在《孟子·公孙丑上》中讲了一个有名的故事：有一个宋国人，总担心自家田里的庄稼不长，就去用手拔苗，使其变高，而且累坏了身子。回家后对家人说，今天可把我累坏了。我去帮助咱家的禾苗长高啦！听老爹这么讲，他的儿子就连忙跑到地里察看，发现地里的禾苗都枯槁了。

孟子讲完这个故事，感叹道：天下不拔苗助长的人，太少啦！拔苗助长，非徒有益，反而有害啊。

在今天的现实生活中，拔苗助长的故事有各种各样的不同版本，无论是培育人才，还是使用干部。其结果也往往令人深思。

（六）孟子论人才精神

1. 独立思考精神

表现在两个方面：不迷信大人，不迷信书本。在《孟子·尽心下》中，孟子说："说大人则藐之，勿视其巍巍然也。”

又说：“尽信书，不如无书。吾于《武成》，取其二三策而已矣。仁人无敌于天下，以至仁伐至不仁，而何其血之流杵也？”

正因为如此，孟子才能发出如此之声音：“民为贵，社稷次之，君为轻。”君、社稷都可以变，唯一不可更换的是老百姓。

2.“说大人则藐之”精神

孟子到各国游说，见过的大人物多了。他有一种浩然之气，对任何看似了不起的大人物，皆采取藐视的态度。这一点，与孔子的迂徐缓舒大不相同，也非常了不起。

在《孟子·尽心下》中，孟子说：“说大人则藐之”。意思是，你要向位高显贵的人说话，首先要藐视他，不要把他显赫的地位和权势放在眼里。孟子说，哪怕他殿高两三丈，檐宽好几尺，佳肴满桌，姬妾成群，这些对我都没有意义，我不屑于此；我所追求的是古代的礼仪制度。

3. 主动精神

孟子认为一般人是处在“自在状态”，而远没有处于“自觉状态”。他说：“行之而不著焉，习矣而不察焉，终身由之而不知其道者，众也。”（《孟子·尽心上》）

孟子还指出：“待文王而后行者，凡民也。若夫豪杰之士，虽无文王犹兴。”（《孟子·尽心上》）在这里，兴是感动奋发之意。一般人是要等待有人出来行动，他才行动的。而人才不然。人才是没有人带领也要奋发有为的。

豪，是千里挑一的人；杰，是万里挑一的人。孟子还举舜的例子说：“闻一善言，见一善行，若决江河，沛然莫之能御也。”（《孟子·尽心上》）

4. 追求真理精神

在《孟子·公孙丑上》，孟子讲了一个观点：扪心自问，如果自己是有理的，那么，即便面对千军万马，我也勇往直前。原话是：“虽千万人，吾往矣！”

后人在学习孟子的过程中，常常引用这句话，来表示为了追求真理，不怕反潮流的决心。

此之谓舍身取义。鲁迅说，自古以来中国就有舍身取义的人。孟子是第一个喊出这个口号的人：“生，亦我所欲也；义，亦我所欲也；二者不可得兼，舍生而取义者也。”（《孟子·告子上》）

（七）孟子的成才哲学

1. 开阔视野

孟子对多见广闻非常重视。孟子说：“孔子登东山而

小鲁，登泰山而小天下。故观于海者难为水，游于圣人之门者难为言。”(《孟子·尽心上》)

越是眼界开阔，越是境界高超。看到过大海的人，对于小河小沟就不会感兴趣了；徐霞客说：“五岳归来不看山，黄山归来不看岳。”跟从圣人学习过的人，对于一般老师的言谈，也就不会觉得有什么收益了。

人才应该志存高远，拓展胸襟，追求远大的目标。

2. 由博返约

孔子主张“博学于文”。孟子认为，不仅如此，而且要“博学而详说”。为什么要“博学而详说”呢？为了“将以反说约也”。

意思是：学习知识，首先是从少到多的过程。而后，必须逐渐由多到少。这是一个反过来的过程。从博到约，从杂到精，由演绎到归纳，由具体到抽象，由感性到理性，是必由的上升过程。

其实这是一种重要的治学方法。无论做什么事情，都应该坚持。

3. 有所不为

在《孟子·离娄下》，孟子讲过这样一句话：“人有不为也，而后可以有为。”

毛泽东 1958 年说过这样的一句话：“在一定时期，

只能搞几件事情，唱《逍遥津》，就不能同时唱别的戏。”任何一个追求事业目标的人，也是一样：跨上了一匹黑马，就不能同时跨上另一匹白马。这是辩证法。

歌德说，同时追两只兔子的人，一只也追不到。

（八）孟子论人才培养之道

1. 因材施教

孟子曰：君子之所以教者五：有如时雨化之者，有成德者，有达财者，有答问者，有私淑艾者。此五者，君子之所以教也。(《孟子·尽心上》)

意思是，对于不同的人，要有不同的教法。有的要像及时雨一样滋润培养他；有的要帮助他完善德行；有的要引导他发挥才干；有的要好好回答他的问题；有的则只能通过自身的影响，使他受到教育。

2. 引而不发

在《孟子·尽心上》里，孟子讲述了自己培养人才的一个重要方法，就是“引而不发”。

有一次公孙丑对孟子说：老师讲的规律，确实很高、很美，但是我们学起来，犹如登天，似乎是不可及的。何不将其变得差不多能够达到，也好让我们孜孜以求呢？

孟子说：大匠不能因为有的学徒笨拙而改废标准，羿不能因为有的学徒笨拙而改变其开弓的标准。君子对于跟随他学习的学生，总是把弓开得满满的，做出要射出去的样子，可是并不射出去，以便学习者观摩领悟。他总是站在正确的道路上引导，让人努力跟得上。

在这里，孟子强调的是作为一个教育者，不能降低标准，而是要善于引导、示范，让被教者能领悟、能学好。

3. 死于安乐

在《孟子·告子下》中，孟子讲了这样一个道理：一个人常常犯错误，然后老师就可以促其改正。一个人心意困苦，思虑阻塞，他才能奋发而有创造。这种状态表现在面色上，发声在言语中，才能被人了解。一个国家，内无执法大臣和谏诤之士，外无敌国忧患，它就要灭亡。人也是一样，往往是“生于忧患，死于安乐”啊！

最后引号里的八个字，是说在育人过程中，如果条件太好，太舒适了，对其成长往往是不利的。

五、墨子的人才思想

（一）墨子其人

墨子，名翟。春秋战国之交的鲁国人。约公元前 480 年—前 390 年在世。他出身微贱，做过木工，自称“宾萌”（“贱人”）。他知识渊博，技艺超群，尤长军事攻守学说。曾做到宋国大夫。墨子原来是受业于儒家的，后弃儒倡墨，自立一派。韩非子说，“世之显学，儒墨也。”孟子说，“杨朱、墨翟之言盈于天下”，可见当时影响之广。墨子主张“尚贤”“尚同”“兼爱”“非攻”，其人才思想是其政治思想的重要组成部分。

延安时期，陈伯达写有《墨子的哲学思想》一文，毛泽东给予较高评价，说：“这是你的一大功劳，在中国找出赫拉克利特来了。”赫拉克利特是古希腊唯物主义哲学家。毛泽东建议陈伯达将文章名改为《古代辩证唯物论大家——墨子的哲学思想》。墨子一生到处奔走，“腓无胈，胫无毛，沐甚雨，栉疾风”，以捆履织席换口饭。

毛泽东曾称赞墨子是“比孔子更高明的圣人”。墨子的学说有含混不足之处，在汉武帝罢黜百家、独尊儒术之后逐渐沉寂。

（二）墨子的尚贤主张

1. 尚贤是墨子的旗帜

墨子的人才标准：厚乎德行，辩乎言谈，博乎道术。

墨子对后世影响最大的人才思想是“尚贤”。春秋战国之际，各国忙于战争，为了自身生存与复仇，都需要人才相助。墨子主张尚贤就要不辨贫富、贵贱、远迩、亲疏。

（1）儒墨两家都主张选贤使能，但实际上却有差别。孔子主张以道德为首要条件。墨子主张以功劳为主要依据，战国时代，应该把能不能战斗、立功作为衡量人才的标准。墨子实际上认为，道德的力量是有限的。

（2）孔子的“尚贤”不够彻底，而墨子是彻底的。孔子主张“仁者人也，亲亲为大；义者宜也，尊贤为大”。孔子并没有从根本上否定“亲亲”的“世卿世禄”制度。

（3）墨子主张应该用“兼爱”去代替“亲亲”。他说，如果对待他人像对待自己的亲人一样看待，世界不将会更美好吗？

2. 墨子主张尚贤的事实依据

墨子主张尚贤是有其历史事实依据的。墨子说，齐桓公尚贤用了管仲，用了鲍叔牙，结果成就了霸业；晋文公用了舅犯、高偃，楚庄王用了孙叔敖、沈尹筮，吴王用了伍员、文义，越王用了范蠡、文种，所以功名传于后世。(《墨子·所染》)

反过来，智伯、吴王夫差、宋康等人用了小人，结果“国家残亡，身为刑戮，宗庙破灭，绝无后类，君臣离散，民人流亡”。墨子用大量事实论证了尚贤的益处，认为这是“政之本”。

3. 墨子尚贤的理论依据

墨子尚贤的理论依据是：“官无常贵，而民无常贱，有能则举之，无能则下之。举公义，辟私怨。”“爵位不高，则民弗敬；蓄禄不厚，则民不信；政令不断，则民不畏。”“故古者圣王之为政，列德而尚贤，虽在农与工肆之人，有能则举之，高予之爵，重予之禄，任之以事，断予之令。”(《墨子·尚贤上》)

（三）墨子论“太盛难守”——人才辩证法

墨子认为，人才的才能有其被人羡慕的一面，但是也有其易受害的一面。他说，现在有五把锥子，其中一把是最尖锐的，那么这把锥子一定最先被折断；有五把刀，其中一把刀是最锋利的，那么这把刀将最先被损坏。所以，最清甜的水井最先干涸，最美好的乔木最先被砍伐，最灵验的神龟最先被灼烧钻孔占卜，最神异的蛇最先被暴（同曝）晒求雨。“是故比干之殪，其抗也；孟贲之杀，其勇也；西施之沉，其美也；吴起之裂，其事（功业）也。故彼人者，寡不死其所长，故曰，太盛难守也。”（《墨子·亲士》）

（四）墨子论人才使用

1. 墨子论大才难用

墨子认为，人人喜欢用才。因为人才能够把事情办成。但是，才能大的人，较之于才能小的人，更难使用。这是因为才能大的人，个性一般都是较强的。但是，正因为难用，就需要学会用。因为才能大的人能够成就一般人不能成就的伟大事业。非常之事，必待非常之人。

墨子说：“良弓难张，然可以及高入深；良马难乘，然可以任重致远；良才难用，然可以致君见尊。”（《墨子·亲士》）

思考

杜甫诗句：古来才大难为用。为什么？

2. 墨子反对用人唯亲

墨子在《尚贤中》里说："今王公大人有一衣裳不能制也，必藉良工；有一牛羊不能杀也，必藉良宰，故当若之二物者，王公大人未知以尚贤使能为政也。逮至其国家之乱，社稷之危，则不知使能以治之。"用人唯亲，"譬犹瘖者而使为行人（外交使者），聋者而使为乐师"。

墨子讲的亲，包括父兄、贵富、颜色，亲戚、亲近、亲爱。主张的是"尊尚贤""任使能"。

3. 墨子论识别人才的方法

墨子认为识别人才有以下几种方法：

（1）听其言。有没有道理，符合不符合仁义。

（2）迹其行。为善还是为恶，是否忠于职守。

（3）察其能。考察能力怎样，是否符合任职要求。

（4）必立仪。就是要制定标准。如果"言而毋（意无）仪，譬犹运钧之上，而立朝夕（测量时间的仪器）者也，是非利害之辩，不可得而明知也"。（《墨子·非命上》）

4. 墨子论用人者要有胸怀

墨子说："其直如矢，其平如砥，不足以覆万物。是故溪陕（通"狭"）者速涸，逝浅者速竭，硗埆者其地不育。王者淳泽，不出宫中，则不能流国（推恩）矣。"(《墨子·亲士》)

像箭一样笔直，像磨刀石一样平坦，这样就不能包容万物。所以，太狭小的溪流就容易很快干涸，太浅的溪流就会很快枯竭，坚硬贫瘠的土地就会没有物产。如果君王淳厚的恩泽只限于宫廷之内，那么就不能遍及全国。

（五）墨子重视环境对人的影响

墨子对环境对人的影响非常重视。他在《所染》中说："染于苍则苍，染于黄则黄，所入者变，其色亦变，五入必而已，则为五色矣。故染不可不慎也。"

接着，墨子将所染与人、与国君联系起来："非独染丝然也，国亦有染。舜染于许由、伯阳，禹染于皋陶、伯益，汤染于伊尹、仲虺，武王染于太公、周公，此四王者所染当，故王天下，立为天子，功名蔽天地。"

"夏桀染于干辛、推哆，殷纣染于崇侯、恶来，厉王染于厉公长父、荣夷终，幽王染于傅公夷、蔡公穀。此

四王者所染不当，故国残身死，为天下僇（侮辱）。”（《墨子·所染》）

接着，墨子又将所染与士联系起来说：“非独国有染也，士亦有染。”墨子说：其友皆好仁义，则“家日益，身日安，名日荣”，其友皆好矜奋（骄傲），则“家日损，身日危，名日辱”。（《墨子·所染》）

（六）墨子设计的贤才治国模式

1. 墨子论“尚同”

墨子认为，人类刚刚诞生，大家各持己见，意见不能统一，故而吃尽苦头。后来才明白了是没有行政长官，于是选择天下最贤能的人立为天子。天子选择三公。又把天下分为若干诸侯国，以辅天子。诸侯国选国君。国君选贤能担当乡长、里长。从上到下都是贤人，上下对是非的认识一致，再建立赏罚制度，国家就达到大治了。此之谓“尚同”。

“古之圣人之所以济事成功，垂名于后世者，无他故异物焉，曰，唯能以尚同为政者也。”

尚同包括了统一认识、统一价值观等。

思考

尚同与和而不同有何异同?

2. 墨子论国有七患

墨子在《七患》中说:“国有七患”。七患是指:

(1)城郭沟池不可守,而治宫室。

(2)敌国至境,四邻莫救。

(3)先尽民力无用之功,赏赐无能之人,民力尽于无用,财宝虚于待客。

(4)仕者持禄,游者爱佼,君修法讨臣,臣慑而不敢拂。

(5)君自以为圣智而不问事,自以为安强而无守备,四邻谋之不知戒。

(6)所信者不忠,所忠者不信。

(7)畜种菽粟不足以食之,大臣不足以事之,赏赐不能喜,诛罚不能威。

墨子说:“七患之所当,国必有殃。”

(七)墨子反对有命论

墨子在《非命上》中说:“执有命者之言曰,命富则富,命贫则贫,命众则众,命寡则寡,命治则治,命乱则乱，命寿则寿，命夭则夭。命，虽强劲，何益哉？”

显然，墨子是主张“非命”的。就是，不要相信所谓“命运”。只有这样才能激发人的奋斗精神，使百事得理，天下大治。

墨子认为，有命论的害处是：（1）给好吃懒做的人找到借口。（2）给凶暴的坏人找到施暴的根据。（3）上下皆信有命，则守国则不固，杀敌则败亡，治国则必乱。

墨子认为虽然无命，但是有鬼神。且能够奖贤罚暴。有人认为，墨子主张有鬼神，本质上是主张人要有所敬畏。

六、庄子的人才思想

（一）庄子其人

庄子，名周，战国时期睢阳蒙县人，约公元前369—前286年在世。曾经做过漆园吏，后隐居著述。代表作为《庄子》，又名《南华经》，由庄子和他的后学弟子汇总而成。庄子的文风恣肆汪洋，意出尘外，诡谲神秘，奇妙瑰丽，篇篇都是先秦散文之典范。故鲁迅称赞之为“汪洋辟阖，仪态万方，晚周诸子之作，莫能先也”。庄子阐释了老子的思想，并将老子的思想发挥到一个新的高度，故后世老庄并称。南怀瑾认为，正是老庄将中国文化发挥到了光辉灿烂的境界。

庄子擅长以寓言、重言、卮言乃至无言的形式写作，他的人才思想，蕴含在娓娓道来的故事中，因此需要不断认真体会，从中受到教益，获得启示。庄子之论，常思常新。

（二）庄子的人才本体论

1. 庄子塑造的人才形象

庄子塑造的人才形象是一只志存高远的大鹏：“北冥有鱼，其名为鲲。鲲之大，不知其几千里也。化而为鸟，其名为鹏。鹏之背，不知其几千里也。怒而飞，其翼若垂天之云。是鸟也，海运则将徙于南冥。南冥者，天池也……鹏之徙于南冥也，水击三千里，抟扶摇而上者九万里，去以六月息者也。”“绝云气，负青天，然后图南，且适南冥也。斥鴳笑之曰：彼且奚适也？我腾跃而上，不过数仞而下，翱翔蓬蒿之间，此也飞之至也。而彼且奚适也？此大小之辩也。”

链接

与庄子同调的名家名句

“方将观大鹏于南冥，又何忧于人间之委曲？”

——［魏晋］嵇康

“大鹏一日同风起，扶摇直上九万里。”

——［唐］李白

“激三千以崛起，向九万而迅征。”

——［唐］李白

“鲲鹏展翅，九万里，翻动扶摇羊角。背负青天朝下看，都是人间城郭。”

——毛泽东

2. 庄子论追求自主自由的境界

庄子认为人应该冲破樊笼，追求自主自由。在《养生主》中说：“泽雉十步一啄，百步一饮，不蕲乎樊中。神虽王，不善也。”（蕲，祈求也。王，此处读旺，旺盛之意）

王，在这里是指物质条件充裕，使得精神旺盛。但是，泽雉却失去了行动与思想的自由。

有一次庄子正在钓鱼，两位大夫手执千金之礼邀请他到楚国担任国相。庄子笑着说，你们看到过祭祀时用的肥牛吧？人们披红挂绿把它抬到太庙中，这时，它想再做一只孤独的小牛犊，还可能吗？你们楚国有一只3000岁的神龟，楚王用丝巾把它的骨头包好，放在太庙里祭祀祖先，不知道这只神龟是愿意死后留下尊贵地位呢，还是愿意拖着尾巴在泥浆里活着。来者答道，当然愿意在泥浆里活着。庄子说，对了，我愿意活在泥浆里。请你们回去吧！

陶渊明也曾说：“久在樊笼里，复得返自然。”

诺贝尔奖得主科斯教授讲到：“如果一个国家的人们

不能自由的思考，不能自由的表达，这个国家是不可能有创新的。”

人才就是一个自由的产物。一个国家有了自由，他自然就会有人才；一个国家没有了自由，全是烧香磕头的，就没有人才。

3. 庄子论要做与时俱进的人

在《山木》中庄子讲了一个故事，说是庄子和他的弟子们行于山中。他们看到一棵大树枝繁叶茂却无人砍伐它，伐木人说，它没有什么用处啊！庄子说：“正是因为它没有什么用处，所以才得以保全啊！”出山后，庄子他们住在了一位朋友家。朋友要招待客人，吩咐僮仆杀一只鸡。僮仆问：“有两只鸡，一只会打鸣，一只不会，把哪只杀掉？”朋友说：“把那只不会打鸣的杀掉吧！”对这两件事，一个因无用而得以保全，一个因无用而遭杀戮（以不才死），弟子们争论起是非来，并且求教于庄子。

庄子说：如果是我，我将处于“才与不才之间”，“无誉无訾，一龙一蛇，与时俱化，而无肯专为。一上一下，以和为量”。

才与不才，无所谓好坏，要随着外界的变化而变化，不能死死拘泥于某个判断。无肯专为，是不固执于一端之意。

4. 庄子论人才也有生态位

在《庚桑楚》中，庄子说："夫寻常之沟，巨鱼无所还其体，而鲵鳅为之制；步仞之丘陵，巨兽无所隐其躯，而孽狐为之祥。且夫尊贤授能，先善与利，自古尧舜以然。"（孽，邪恶、罪恶）

"夫函车之兽，介而离山，则不免于罔罟之患；吞舟之鱼，荡而失水，则蚁能苦之。故鸟兽不厌高，鱼鳖不厌深。夫全其形生之人，藏其身也，不厌深眇而已矣。"（函，通含，吞下之意。生，性之意。眇，远之意）

早在2000多年前，庄子就把生态问题与人才问题联系到了一起。

（三）庄子论成才过程

1. 庄子认为"技能入道"方能获自由

庄子认为只有进入道的境界，才能在业务方面获得自由，达到出神入化的水准。

庄子《养生主》中写道：庖丁为文惠君解牛，手之所触，肩之所倚，足之所履，膝之所踦，砉然向然。奏刀騞然，莫不中音，合于《桑林》之舞，乃中《经首》之会。文惠君曰：嘻！善哉！技盖至此乎？庖丁释刀对曰：臣之所好者道也，进乎技矣。始臣之解牛之时，所见无非全牛者。三年之后，未尝见全牛也。方今之时，臣以神遇而不以目视，官知止而神欲行。依乎天理，批大郤，导大窾，因其固然。技经肯綮之未尝，而况大軱乎。

“砉然”，皮肉分离之声。“向”，响也。

“《经首》之会”，指《经首》的乐律。

“进乎技”即超越了技术层面，进入道的层面。

“官知止而神欲行”：不用眼看，而以神遇。

“郤”，隙也。“窾”，空之意。

“因其固然”，违背牛体的自然机理。“肯綮”，附骨之肉为肯，骨肉连接紧密之处为綮。

“大軱”，大骨。

2. 庄子论不要迷信圣人之言

在《天道》中，庄子讲了一个故事，说是齐桓公在堂上读书，一位叫阿扁的木匠在堂下做车轮。阿扁问齐桓公读的是什么书？齐桓公说是圣人的书。阿扁又问：这圣人活着吗？回答说死了。阿扁说，那你读的不过是些糟粕罢了。

齐桓公生气地说，你一个做木匠的，怎敢如此乱说？你要讲出道理，不然我会把你处死。阿扁说：我是从我的工作中体会出这般道理的。做车轮榫头很难做。

关键是要不疾不徐。做宽了，榫头松缓，不牢固；做窄了，又安不进去。松紧适宜，得心应手不容易。技巧在其中啊！但是我无法把这技巧传给我的儿子。所以我 70 岁了还在自己做车轮。古时候的人和他们不可言传的东西都死掉了。那么你读的书，不是糟粕是什么呢?

在《秋水》中，庄子说:“可以言论者，物之粗也；可以意致者，物之精也。言之所不能论，意之所不能察致者，不期精粗焉。”

启示

（1）道难言传。世上微妙的东西是很难讲清楚的。

（2）古人之书，不可尽信。

（3）破除对前人的迷信，对创新，对人才成长，非常重要。

3. 庄子论如何成就大业绩

任公子为大钩巨缁（黑色的绳子），五十犗（公牛）以为饵。蹲乎会稽，投竿东海。旦旦而钓，期年不得鱼。已而大鱼食之，牵巨钩，錎（通陷）没而下。骛扬而奋鬐，白波若山，海水震荡，声侔鬼神，惮赫千里。任公子得若鱼，离而腊（晾干之意）之，自制河以东，苍梧已北，莫不厌（吃饱）若鱼者。(《外物》)

启示

（1）工具准备。

（2）持之以恒。

（3）服务人民。

4. 庄子揭示创造性劳动的奥秘

庄子在《达生》中对创造性劳动有自己的描述。梓庆做悬挂钟磬乐器的架子，做得非常之好。鲁侯召见他，询问他怎样达到如此鬼斧神工。梓庆说，我有道在其中啊。我做架子时，从不随便耗费精神，一定要先斋戒几天，来修养静心。斋戒到第三天，就不再有庆赏之心了。斋戒到第五天，就不再把别人的议论放在心上。斋戒到第七天，仿佛忘记了自己的四肢形体。这时，外部的干扰就都排除了，我才进山林，观察找到适合做架子的天性好木，成形的架子会浮现在我的眼前，然后开始制作，以我的自然合木的自然。“器之所以凝神者，其是与！”

思考

（1）人心浮躁，急功近利是与创造性无缘的。

（2）创造性与想象的关系。

（3）心斋：“极端化”对于创新创造的重大意义。

5. 庄子说最大的可悲是失去创造力

在《田子方》中，庄子记载了孔子与颜回的一段对话。颜回诉说自己的困惑：我对老师您是紧跟不离，完全效法啊，“夫子步，亦步也；夫子言，亦言也；夫子趋，亦趋也；夫子辩，亦辩也；夫子驰，亦驰也；夫子言道，回亦言道也”，可是总是望尘莫及，也不知老师是如何达到不言而信，不表示亲近却让人亲近，没有权力却能有那么多拥护者的（不言而信，不比而周，无器而民滔乎前）。

孔子回答说：“哀莫大于心死。”

“心死”即失去了生命的活力和创造的活力。因为生命源于“天真自然、人格独立、精神自由”。

6. 不要去学那些无用的知识

庄子讲了一个“屠龙妙术”的故事。说是有个叫朱泙漫的人，跟着老师支离益学习，花费了千金之资，花去了三年的时间学成毕业了。但是到了社会上，没有地方施展他的才能。为什么呢？

原来错就错在他学的是好听不管用的“屠龙妙术”。世界上原本没有龙，学了这样的技术，又有什么用呢？

但是，细想一下，教授“屠龙妙术”的老师和学校，世上却不少呢。（《列御寇》）

（四）庄子论两类人才

1. 庄子论领导者必备素质

庄子在《徐无鬼》中说，管仲生病了，齐桓公前去探问，万一您一病不起，谁可接替你的相位？管仲问，您想委任于谁呢？齐桓公回答说是鲍叔牙。管仲说：鲍叔牙清廉，是个好人。但是，他对于不如自己的人，从不去亲近。一听到别人的过错，就一辈子忘不掉。这样的人当政，对上对下关系会搞不好。

齐桓公又问，那你认为谁可以担当呢？管仲说：隰朋可以。隰朋为人，在上不骄不恃，在下不卑不贱，自愧不如黄帝，又怜悯不如自己的人。有贤能又谦逊待人，就能得到人民拥护。他对国事不会事事听闻，对家事不会事事看顾。

启示

（1）这一记载，与《史记》不一致。《史记》讲，管仲反对任用易牙等人。

（2）管仲对曾经推荐过自己的鲍叔牙，不讲私心。

（3）庄子认为怎样对待他人，是衡量宰相之才的重要素质。

2. 庄子论领导者应“呆若木鸡”

在《达生》中，庄子讲了一个关于“呆如木鸡”的故事。说是一位姓纪的先生善于养斗鸡。君王让纪先生养鸡，但是心太急。过了十天就问怎样了？能够上场比赛了吗？纪先生说还不行，因为它还有虚骄之气；又过了十天，问怎么样了？纪先生回答还不行，因为它一看到鸡的影子就扑过来了；又过了十天，问怎么样了？纪先生回答还是不行，它还是怒气冲冲，盛气凌人。又过了十天，纪先生说可以了。它听到斗鸡的叫声，已经毫无反应，看上去像一只木鸡。这时，鸡的精神已经健全了，别的鸡一见到它，返身就逃。

启示

“呆如木鸡”最原本的意思，是喜怒不形于色，稳重大德，沉着冷静。

3. 庄子论艺术家的风采

在《田子方》中，庄子说：“宋元君将画图，众史皆至，受揖而立，舐（舔）笔和墨，在外者半。有一史后至者，儃儃（舒缓闲适意）然不趋，受揖不立，因之舍。公使人视之，则解衣般礴赢。君曰：‘可矣，是真画者也。’”

“解衣般礴”成为一个成语。般礴，多释为箕坐。

讨论

（1）真画师之“最高画姿”。

（2）进入虚静，物我两忘，排除俗念，自由灵动。

（3）对比王羲之“东床坦腹”，有何异同？

（五）庄子的人才哲学

1. 庄子论无用之用

在《人间世》中，庄子讲了一个故事：有一棵大树长在土地庙的旁边，“其大蔽数千牛”，观者如市。石木匠从旁边过，看都不看，他的弟子对他说：“未尝见材如此其美也”，为什么连看它一眼都不看呢？石木匠说，那不过是株没有用的散木罢了，“无所可用，故能若是之寿”。当天晚上大树托梦对石木匠说：我和一般的果树不一样。果树因为结果子，经常被摧残，辛苦一生。我寻求没有用的地步，已经很久了。正因为我没有用，才成了我最大的用处啊！这叫没有用处的用处。我看你只是一个没有用处的人呢！石木匠醒来，把这个梦告诉弟子，弟子说，它既然谋求无用，那还做树干什么？

石木匠说：“这棵大树保存自己的方法与众不同，你们用常理来理解它，怎么能不相差太远呢？”

启示

（1）没有用处，就是一种用处。

（2）天下无道，有才惹祸。

（3）无用并非真无用，而是不被世俗所认识、所用。

（4）超越世俗的功名观，以生命健全为最高价值尺度。

案例

神偷的用处

楚将子发有一爱好，就是喜欢把有一技之长的人招至麾下。有一个号称“神偷”的人，就投靠于他，但是一直没有什么用场。有一次，齐国大举犯楚，子发率军迎战，三战三败，虽有悍将智囊也无济于事。这时，神偷请战。

他第一次就把齐军主帅的睡帐偷回来了，第二天又把它送了回去；第二次把齐军主帅的枕头偷回来了，第二天又送了回去；第三次又把齐军主帅的发簪偷回来了，第二天再把它送回去。

这么一来，齐军主帅害怕了。他周围的人说，看样子下一次会把主帅的脑袋偷走。

于是，齐军只好班师撤兵。(《淮南子·道应训》)

案例

无用之用

磨镜片有什么用？400 多年前，在德国的一个小镇上，住着一位伯爵。他把大部分的收入都捐给了镇子上的穷人。一天，他看到一位奇怪的人，不断地把玻璃片磨成镜片，装到一个镜筒里，用来观察细小的东西。伯爵把他邀请到城堡居住，支持他做这件事情。

穷人们纳闷得很：我们大家忍饥挨饿，何况现在瘟疫流行，都急着用钱，伯爵为什么还要为一个闲人和他的无用的东西花钱呢？伯爵不为所动，继续支持。

后来，伯爵获得了丰厚的回报：显微镜诞生了！显微镜的诞生使医学研究获得大的进展，大大减轻了人类遭受的苦难。

延伸阅读

丁肇中谈无用之用

2012 年，丁肇中在武汉华工科技集团说到科学实验的经济价值。他说："科学很大一个作用是满足人的好奇心，这是人和动物的最大区别。1890 年前后，物理学第一个和第二个获得诺贝尔奖的，是发现了电子和 X

光的科学家，那时候很多人问它有什么用处，有什么经济价值。到了上世纪三四十年代电子和X光都很有用。三四十年代最先进的科学是量子力学，现在用在了超导、激光、通信上，比如微处理器等，到了四十年代最基本的科学是原子能物理，现在也被用在能源等方面，所以今天我们所用的东西都是以前被认为是‘花钱最多最没有经济效益的’，我所研究的东西确实是没有什么经济价值。”（周万亮《关键选择》，新华出版社2013年版，第133页）

延伸阅读

格林斯潘的废话

美联储前主席格林斯潘在位时说话非常谨慎。可是有时候还不得不说。于是，练就了一套说废话的本领。华尔街的投资者花了很大力气研究他的讲话，试图从中找到一点儿蛛丝马迹，但结果都是枉然。格林斯潘讲话特点是回避问题、模棱两可、含糊其词，不能过于直白。这种语言叫“美联储语言”。

诺贝尔经济学奖得主罗伯特·索罗这样评价这些“狡猾”的主席：他们就像乌贼鱼，喷出一团墨水就溜之大吉，让听者抓耳挠腮，摸不着头脑。

格林斯潘的一段经典话语是：“我知道你相信你明白

了你认为我说的，但是我不能肯定你是不是意识到了你所听到的并不是我的意思。”这是废话大师的经典废话。（周万亮《关键选择》，新华出版社 2013 年版，第 110 页）

延伸阅读

垃圾基因的用处

荷兰鹿特丹伊拉斯谟大学医学中心的研究团队在研究相貌与基因的关系时认为，相貌或脸部形态主要是基因调控的。他们发现 5 个基因可以决定人们的相貌，这 5 个基因与 9 个面部特征有关。

垃圾基因是指，基因组中 95%—98% 的不编码的任何蛋白质或酶的基因。垃圾基因并非没有用处，它的功能之一就是调节基因的活动，如同一条指令一样控制着基因。大多数基因的开启和关闭是由附近的垃圾基因控制的。由此看来，人的相貌不只是由上述 5 种基因决定，而是由其他一些垃圾基因共同决定的。2013 年 10 月 24 日的美国《科学》杂志发表了这一科研成果。（《南方周末》2014 年 3 月 27 日）

2. 庄子论虚无之用

庄子《外物》中说，惠子遇到了庄子，对他说，你的言论是没有什么用处的。庄子对他说：知道无用才能和他谈有用。大地既广且大，但是人站在那里所用的，不过是他所踩踏的那一小块。然而，如果把这一小块之外的地方统统挖至黄泉，大地对人还有用吗？惠子说，没有用了。庄子说，那么无用的用处就很明白了。

启示

（1）有用与无用的关系是相对的。

（2）看似无用之人，可能是你没有发现其用处的人。

（3）一时看着无用的东西，可能将来有大用。

（4）老子说："三十辐共一毂，当其无，有车之用。""有之以为利，无之以为用。"

（5）虚无的理想，看似无用，其实有大用。

（6）心境空灵，才能出智慧。

3. 庄子论大用与小用

庄子在《逍遥游》中说："惠子谓庄子曰：魏王贻我大瓠之种，我树之成，而实五石。以盛水浆，其坚不能自举也。剖之以为瓠，则瓠落无所容。非不呺（大而空的样子）然大也，吾为其无用而掊（砸烂意）之。"

庄子曰："夫子固拙于用大矣。……今子有五石之瓠，何不虑以为大樽，而浮于江湖，而忧其瓠落无所容？则夫子犹有蓬之心也夫！"（有蓬之心：见识浅陋）

七、韩非的人才思想

（一）韩非其人

韩非是战国末期的重要思想家、法家思想的集大成者。公元前280年至前233年在世。韩非同李斯同出于荀子门下，才思敏捷，聪明过人，有口吃之短，但具雄辩之长。他写下的《说难》《孤愤》《五蠹》名篇，深得秦始皇赏识。他的口号为“以法为本”，强调法律法制。他以荀子的人性恶为基础，提出“法”“术”“势”三结合的理论模型和治国理念，目的是收“道法万全”之效。毫无疑问，韩非的人才思想，是其整体思想的一个重要组成部分。

他后来被他的同学李斯害死于狱中。

（二）韩非的思想体系

韩非这个人，不同于孔子。他的思想以性恶论为基础，形成了一个结构性的体系，那就是他的“权势术”

体系。韩非打比方说：权好像车子，势好像马匹，术就好像驾驭车马的技术。没有车不能前行，没有马也走不了路，有车有马不会驾驭车马，照样前进不了。领导者要掌握权势术，才能达到自己的政治目标。看来，在韩非眼里，用人还是个技术活。

故国者，君之车也；势者，君之马也。无术以御之，身虽劳，犹不免乱；有术以御之，身处佚乐之地，又致帝王之功也。(《韩非子·外储说右下》)

链接

明茨伯格的三元管理思想

美国学者明茨伯格提出管理的“三元理论”。他认为管理是科学，是艺术，更是手艺。

今人肖知兴在一篇文章中说：“在实践中真正决定成败的却是长期积累的手感、质感、分寸感和操作感以及对节奏和时机的把握力。”“只有在精通科学和艺术的基础之上，再加上手艺人的虔诚、踏实、谦逊，才会实现真正的管理实践的成功。”

（三）韩非的人才标准

韩非人才思想的最大特色就是“明法”。君也好，臣也好，士也好，甚至圣人也好，都要明法。圣人一定是明法的典范。对于当时社会上到处摇唇鼓舌寻找出头机会的“士”，韩非提出要认真加以区别。他说，士分八类：有贵生之士、文学之士、有能之士、辩智之士、磏勇之士、任誉之士、能法之士、智术之士。前六种，不可用；后两种方可信。

士的特点就是要明法、守法。如果不明法，即使忠信、贤行、有才，都不能用。

（四）韩非提出的用才原则

韩非提出的用才原则主要有以下诸项：

（1）贤德。“官职所以任贤也”。（《韩非子·难二》）

（2）勿以好恶取人。

（3）要用其长避其短。韩非特别指出“人莫能左画方而右画圆也”。肉是很香的，你拿着它去驱赶蚂蚁，蚂蚁会越来越多。因为你把肉用错了地方。

（4）勿亲亲。不要坚持“亲亲原则”，它会害你的。（《韩非子·八经》）

（5）勿避卑贱。“宰相必起于州部，猛将必发于卒伍。”（《韩非子·显学》）

（6）勿分亲疏。“谄谀之臣，唯圣王知之，而乱主近之，故至身死国亡。”（《韩非子·说疑》）

（7）不以容辞取人。

（8）不拘一格。（参看下面几个案例）

楚王破格升廷理

楚王有事急召太子。楚国法律规定，所有车辆不准停在雉门之前，要靠后一些。那天雨下得较大，庭院积水，太子就将车停在了雉门前。负责宫廷保卫的廷理上前阻挡，太子不听，结果廷理动手了，还用武器打坏了车马。太子为此告状国君，要求严惩廷理。楚王弄清原委后说，过去为了维护法律，廷理曾经得罪过年老的君王。今天为了维护法律，他又得罪了年轻的太子。这样的人是难得的守法之臣，怎么能惩罚呢？应该连升两级啊！

韩非认为，楚王的做法是对的。

明君破格用贤才

韩非认为，世界上很多的人为一般人才，但也有奇才。对于奇才，不能按照常规，依次晋升，而应破格提拔。

他举例说，像商汤得伊尹，秦孝公得商鞅，齐桓公得管仲，都是打破常规，一下子把他们从“布衣之士”“立为卿相之处”的（《韩非子·奸劫弑臣》）。如果按照常规进行，一步一步逐级晋升，那他们就会被耽搁、被埋没，一辈子也没有出头之日。圣明的君主就要善于破格用人啊！

乱用人才者将失才亡国

韩非所在的年代，杀敌卫国是一件大事。因此，凡勇敢杀敌的人，普遍受到重视，往往给一个官做。对此，韩非大胆地表示了自己的不同意见。他说，这叫“舍长用短”，善于杀敌的勇士不一定能把国家治理好。换一个角度来看，“斩首者令为医、匠”可以吗？

韩非还举例说，王良、造夫善于驾车，但是，让他们去驭马，他们就不行了；田连这个人会制琴，但是让他去弹曲，他就为难了。用人不当，胡乱派遣，既无济于事，又伤害人才。（《韩非子·外储说右下》）

“任人所长”源流

中国历史上最早提出“任其所长”原则的人是管仲。“明君之举其下也，尽知其短长，知其所不能益，若任之以事。贤人之臣其主也，尽知短长与身力之所不至，若量能而授官。上以此畜下，下以此事上，上下交期于正，则百姓男女皆与治焉。”（《管子·君臣上》）

《晏子春秋》中说：“任人之长，不强其短。任人之工，不强其拙。此任之大略也。”

《战国策·齐策三》中说：“物舍其所长，之其所短，尧亦有所不及矣。”

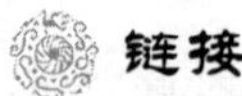

链接

唐太宗论用人之长

“明主之任人，如巧匠之制木，直者以为辕，曲者以为轮；长者以为栋梁，短者以为栱角。无曲直长短，各有所施。明主之任人，亦由是也。智者取其谋，愚者取其力；勇者取其威，怯者取其慎。无智、愚、勇、怯，兼而用之。故良匠无弃材，明主无弃士。”（李世民《帝范》）

（五）韩非主张的用人之道

1. 试用法

韩非提出，“试之官职，课其功伐”。就是给一个人官做，并且严格考核他的功绩。他说：“故官职者，能士之鼎俎也，任之以事，而愚智分矣。故无术者得于不用，不肖者得于不任。”(《韩非子·六反》)

2. 言验法

韩非说，任用人才不能光听其言，还要看看他到底能不能把事情办成。说大话得不到验证的人，不能任用。韩非说，燕王喜欢小巧玲珑的东西，于是一个人说，他可以在一个酸枣刺上刻出一只猴子来。燕王就信了，并用很多土地供养他。一次，燕王让这人刻一只猴子。这人说不行，还说燕王必须半年不进内宫，不饮酒，待雨停日出、阴阳交替之时，才能看得到。于是事情就拖延下来。有一天，有个下属提醒燕王，问一声骗子，能不能把他的刻刀拿出来看看？这么一来，骗子就露馅了。燕王一问，果然骗子立马逃跑了。

3. 下访法

就是要勇于下问。通过诚心询问下属获得真正的人才。韩非举例说，齐桓公通过下访获得了好多杰出人才。

4. 功量法

也就是以功量才。要依据功绩之大小，授予不同的

职位。“国以功授官与爵，此谓以成智谋，以威勇战，其国无敌。”(《韩非子·饰令》)

（六）韩非关于人才奖惩的重要思想

韩非在人才使用上有一种系统考虑，那就是选材、授职、考核、奖惩依次循环而为。考核是一种工具，能够区分优劣。但是，管理者不能以考核为终结，到此为止，还必须运用奖惩这个手段来从正反两个方面激励人才，让他们有所追求进取，同时也要有所畏惧害怕。而且这个手段必须掌握在领导者手中，它的名字就叫“二柄”。

“故有术之主，信赏以尽能，必罚以禁邪”。(《韩非子·外储说左下》)

“明主之所导制其臣者，二柄而已矣。二柄者，刑德也。何谓刑德？曰：杀戮之谓刑，庆赏之谓德。为人臣者畏诛罚而利庆赏，故人主自用其刑德，则群臣畏其威而归其利矣。”(《韩非子·二柄》)

（七）韩非论奖惩能够提升功效

韩非说：“能使用力者自极于权衡，而务至于任鄙(战国时的大力士)；战士出死，而愿为贲、育；守道者

皆怀金石之心，以死子胥之节……则君人者高枕而守已完矣。”(《韩非子·守道》)

韩非的“奖惩论”对后世影响很大。东汉末年，天下大乱，人才选拔制度失效，正直学者纷纷抨击社会用人不当。甘肃人王符写下专著，特别指出考绩的重要性以及对人才的激励作用。他说：“夫剑不试，则利钝暗；弓不试，则劲挠诬；鹰不试，则巧拙惑；马不试，则良驽疑。”(王符《潜夫论·考绩》)

（八）韩非人才思想的另一面

韩非的人才思想，还具有另外的一面，也就是具有争议性的一面。主要是：

（1）对人才的性恶假设。韩非认为：“人主有二患，任贤，则臣将乘于贤以劫其君；妄举，则事沮不胜。故人主好贤，则群臣饰行以要君欲，则是群臣之情不效，群臣之情不效，则人主无以异其臣矣。”(《韩非子·二柄》)

人性恶的主张到底对不对？

应该说，王阳明的观点是对的：“无善无恶心之体；有善有恶意之动；知善知恶是良知；为善去恶是格物。”

（2）对领导与被领导关系的假设。韩非认为是买卖关系。“臣尽死力以与君市，君垂爵禄以与臣市。”(《韩非子·难一》) 这种观点并不为人们接受。

（3）主张阴谋手段。韩非认为：“人主之患在于信人，信人则制于人。”所以，再尽忠的人也是有求于国君的。为了对付随时可能发生的不轨行为，君主可以采取特务手段。“握明以问所暗，诡使以绝黩泄。倒言以尝所疑，论反以得阴奸。设谏以纲独为，举错以观奸动。”这就更让人惊异了。

（4）宣扬绝对忠君思想。

辨奸之术

唐太宗贞观年间，有人向皇帝李世民献策，说他能够辨别朝中的忠奸。李世民感到奇怪，令其上殿陈述。那人说：“当陛下与群臣讨论问题的时候，你要故意坚持一种错误的意见。不仅如此，还要大声地与人争吵，大发雷霆。这时，你就要注意观察了，那些还敢于向你进谏者就是忠臣；那些顺从您错误意见的人，就是奸臣。”讲完之后，那人狡黠一笑，希望得到皇帝的赏识。

李世民听后，略加沉思，说：“帝王好比源泉，大臣好比水流。源泉如果浑浊，水流就不会干净。帝王如果搞欺诈，怎么要求臣下正直可靠呢？魏武帝曹操诡计多端，我却看不起他的为人！”接着，又对献计者说：“你的计策虽妙，对我毫无用处。”

感言

一位中国人才史研究者，在遍阅历代史书经典之后，深感用人之重要，知人之微妙，察人之不易，任人之困扰。中国用人之理论，乃中华灿烂文化中一朵最鲜艳、最富丽堂皇的花朵。但它，既充满玉露、芬芳四溢；又毒汁欲滴，使人望而生畏。

思考一

能够“用人不疑”吗

《中国人才史纲》中说，在先秦诸子中，只有韩非子没有讲过“用人不疑”。结合当今社会实际，讲讲你对“疑人不用”与“用人不疑”的看法。

英国巴林银行，对驻新加坡的里森“用人不疑”，结果，此人3年之间，一直做假账、瞒亏损，最后造成8.27亿英镑的重大损失。迫使有200多年历史的老牌巴林银行破产。

韩非子是对的吗?

思考二

能够“用人唯亲”吗

传统主流意见是怎样的?

当前主流意见是怎样的？

韩非讲的“勿亲亲”对不对？

为什么“用人唯亲”是一种最终不可取的做法？

八、吕不韦的人才思想

（一）吕不韦其人

吕不韦，河南濮阳人，生年不详，公元前235年去世。吕不韦凭借经商获得的巨额家产与政治眼光，发现并利用子楚（即后来的秦庄襄王）这个政治人物，主宰秦国朝政几十年，使秦国日益强盛，为后来秦始皇统一天下奠定了基业。在中国历史上，鲜有通过经商而位极人臣者，故被毛泽东称之为“大政治家”。

在担任秦国相国期间，吕不韦召集门客主持撰写了一部《吕氏春秋》。该书结构完备，内容丰富，其中包括八览、六论、十二纪，实际上是其为秦帝国长治久安而制定的治国纲领。司马迁称其“备天地万物古今之事”。东汉高诱在为其做注时称其“大出诸子之右”。吕不韦在书中阐述了他对人才和人才问题的一系列看法。其中不少论述对今天仍有重要的启发意义。

（二）吕不韦与《吕氏春秋》

司马迁在《报任安书》中说：文王拘而演《周易》；仲尼厄而作《春秋》；屈原放逐，乃赋《离骚》；左丘失明，厥有《国语》；孙子膑脚，《兵法》修列；不韦迁蜀，世传《吕览》；韩非囚秦，《说难》《孤愤》；《诗》三百篇，大抵圣贤发愤之所作也。

这说明，《吕氏春秋》一书是在秦王对其作出错误处理之后，吕不韦奋发图强的产物。吕不韦后来因牵涉到嫪毒之谋，而被疏远，与其家属迁徙蜀地。但纵观其一生，是一位虽遭受厄运，但仍能成就一番事业的了不起的人物。

（三）吕不韦论“尊师敬学”

1. 吕不韦论尊师与学习

在《吕氏春秋·纪第四》中，吕不韦专辟《劝学》《尊师》《诬徒》《用众》来论述尊师与学习的重要性。

吕不韦主张，对老师要尊重，因为向老师学习，能够通达天性。对老师要恭敬，不仅要听从教诲，还要发扬光大。听从不尽力，命之曰背；说义不称师，命之曰叛。背叛之人，贤主弗内之以朝，君子不与交友。

吕不韦还主张理想的老师应该让学生安焉，乐焉，休焉，游焉，肃焉，严焉，就是安心，快乐，安闲，从容，庄重，严肃。视徒如己，反己以教，则得教之情矣。

吕不韦还主张学习应该博取众长："天下无粹白之狐，而有粹白之裘，取之众白也。""善学者，若齐王之食鸡也，必食其跖数千而后足虽不足，犹若有跖。""物固莫不有长，莫不有短。人亦然。""虽桀纣犹有可畏可取者，而况于贤者乎？"

2. 吕不韦论礼贤能得高回报

吕不韦认为："国虽小，其食足以食天下之贤者，其车足以乘天下之贤者，其财足以礼天下之贤者。与天下之贤者为徒，此文王之所以王也。"他还列举了周昭文君礼遇张仪、齐孟尝君礼遇淳于髡的实例加以证明。

春秋战国时期，儒家、墨家均尚贤。法家认为不重名利的贤士于国无用。韩非子说，"见利不喜，上虽厚赏，无以劝之；临难不恐，上虽严刑，无以威之；此之谓不令之民也"。吕不韦在这点上，继承的是儒家，也希图纠正当时秦国带有法家味道的人才国策。

吕不韦主张对难知难得的人才要广泛寻求。说："故诗曰：赳赳武夫，公侯干城。济济多士，文王以宁。人主胡可以不务哀士？士其难知，唯博之为可，博则无所

遁矣。”(《报更》)

（四）吕不韦论“用当其才”

吕不韦在《审分》中谈论人才使用，应从审查名分入手，指出应该将合适的人放在合适的岗位上，不要把人才用错了。他说，故至治之务，在于正名。名正则人主不忧劳矣，不忧劳则不伤其耳目之主。百官，众有司也；万物，群牛马也。不正其名，不分其职，而数用刑法，乱莫大焉。韩非子说，夫物者有所宜，材者有所施，各处其宜，故上下无为。使鸡司夜，令狸执鼠，皆用其能，上乃无事。

吕不韦特别指出，国君不能做臣子的事。人与骥俱走，则人不胜骥矣；居于车上而御骥，则骥不胜人矣。

1. 吕不韦论“用才成事”

吕不韦在《勿躬》篇中，专门论述了领导者不能事必躬亲，要学会用才成事。他认为，当领导的应该“处平静，任德化，以听其要”。不能代替下属做具体的事。为什么呢？因为，领导者一旦陷入烦琐事务中就会缺乏思考问题的时间，而导致精力衰竭、疲倦、昏昧。

他举了齐桓公的例子说：“令五子皆任其事，以受令于管子。十年，九合诸侯，一匡天下，皆夷吾与五子之能也。管子，人臣也，不任已之不能，而以尽五子之能，况于人主乎！”“君道无为”是吕不韦的道家思想。

2. 吕不韦论用人得失定成败

吕不韦对当权者能否任用贤人，看得非常重要。他说：“渡江靠的是船只，远行靠的是快马。称霸靠的是用才。尹伊、吕尚、管夷吾、百里奚这些人就是称霸者所应依靠的贤才啊！”这样做，还能形成一种人人思贤的好的社会风气。

反过来看，如果用人不善，则会带来严重的社会后果。“桀用羊辛（干辛），纣用恶来，宋用唐鞅，齐用苏秦”，都导致了天下的灭亡。(《知度》)

吕不韦说：“释父兄与子弟，非疏之也；任庖人钓者与仇人仆虏，非阿之也。持社稷立功名之道，不得不然也。”

3. 吕不韦论用人勿求全责备

在《举难》中，吕不韦说：“以全举人固难。物之情也。人伤尧以不慈之名，舜以卑父之号，禹以贪位之意，汤、武以放弑之谋，五伯以侵夺之事。由此观之，物岂可全哉？”“尺之木必有节目，寸之玉必有瑕璐（玉上的斑点），先王知物之不可全也，故择务而贵取一也。”

吕不韦还讲了一个故事，说一个叫宁戚的人，想找齐桓公谋取官位。桓公到郊外迎接，看到他在喂牛。宁戚正悲伤地拍着牛角唱歌。桓公感到这不是一个寻常人，就把他请进城里，进朝廷交谈，宁戚讲的治国之道打动了桓公，桓公决定任用。这时，旁边的人说，宁戚是卫国人，离这里不远，还是先调查一下为宜。桓公说，如果去调查，问出一些小毛病，会丢掉人家的大优点，这是很多君主失掉杰出人才的原因啊！于是，宁戚得到重用。

楚庄王的醉中情

楚庄王平息了一场动乱之后在渐台设置“太平宴”共同欢庆，与会的既有大臣也有王宫嫔妃。天黑了，庄王仍未尽兴，便命令宫人点上蜡烛继续畅饮。他还让自己最宠幸的妃子许姬为大家敬酒。

突然蜡烛被风吹灭。席中一人见许姬美若天仙，便趁势拉其衣袖调情。许姬不从，左手抽回衣袖，右手将那人的帽缨拽了下来。那人也赶快松了手。许姬随即把刚才发生的事情告诉庄王。庄王听后哈哈大笑，下令不要急于点烛，请诸位都把帽缨摘下来。当蜡烛再次点亮的时候，大家才散会。回去后，庄王对许姬说，今天来的都是功臣，我让他们喝得太多了，酒后失态难免。许姬恍然大悟。

三年后，晋兵伐楚，庄王被围困凶多吉少。一个叫唐狡的偏将，五次冲锋陷阵救庄王。事后，庄王询问，唐狡说，他就是那个被许姬扯掉帽缨的人。承蒙大王不杀，才有今日。后人诗曰：

暗中牵袂醉中情，玉手如风已绝缨。

尽说君王江海量，储鱼水忌十分清。

4. 吕不韦论用非其才的害处

在《士容》中，吕不韦讲了一个《良犬捕鼠》的故事：齐有善相狗者，其邻假（请）以买取鼠之狗，期年乃得之，曰："是良狗也。"其邻畜之数年，而不取鼠，以告相者。相者曰："此良狗也。其志在獐麋豕鹿，不在鼠。欲其取鼠也，则桎之。"其邻桎其后足，狗乃取鼠。

故科学用人观应当是：用当其才，用当其位，用当其时，用当其酬。

5. 吕不韦论"世无全才"

吕不韦在《用众》中论述过广泛利用资源的问题。他讲的世无"粹白之狐"问题，也就是世无全才问题。

世无全才，怎样得到全才？就是要组合用人。这个人才思想，后世多有发挥。吕不韦的原话是："天下无粹白之狐，而有粹白之裘，取之众白也。"

《三国志·吴书·孙权传》记载孙权的话说："天下

无粹白之狐，而有粹白之裘，众之所积也。夫能以驳致纯，不惟积乎？故能用众力，则无敌于天下矣；能用众智，则无畏于圣人矣。”

由此，我们可知天下无全才，组合出全才。

（五）吕不韦论人才“生态位”

吕不韦在《慎势》中说：“吞舟之鱼，陆处则不胜蝼蚁。”意思是说，能吞下大船的鱼，只能在水里发威，如果在陆地上，它的力量连蝼蛄、蚂蚁都不如。为什么？它凭的是势。水就是鱼凭借的势。

在这里，吕不韦借用了慎子的“势”的概念。慎子讲的“势”，有三个含义：势能、地位、权势。

《韩非子·难势》引用慎子的话说：“飞龙乘云，腾蛇游雾，云罢雾霁，而龙蛇与蚓蚁同矣，则失其所乘也。”韩非在这里讲的是，任何东西，不能失去凭借。

链接

慎子与韩非的法术势思想

慎子，即慎到，战国时期赵国人，法家代表人物，强调“势治”。是韩非将“法术势”三者结合起来。

慎子认为，势有三种含义：一是势能，二是地位，三是权势。权势大小取决于“下”“众”大小。势不能乱用，故需要“法”。法是制约势的。

术就是“任而授官”，然后用考核的方法“循名责实”，奖惩并用。

（六）吕不韦论成才贵在“精而熟之”

吕不韦在《博志》中说：“用志如此之精也，何事而不达？”意思是说，无论干什么，非高度集中精力不可。其所以用《博志》为标题，意思在于告知人们，不能有两个想法、两个目标，导致相互打架，以至于顾此失彼，一事无成。他说：“冬与夏不能两刑（行，成也），草与稼不能两成，新谷熟而陈谷亏，凡有角者无上齿，果实繁者木必庳（低矮），用智褊（偏狭）者无遂功，天之数也。”

吕不韦举例说：“孔、墨、宁越，皆布衣之士也。虑于天下，以为无若先王之术也，故日夜学之……用志如此其精也，何事而不达？何为而不成？故曰：精而熟之，鬼将告之。非鬼告之也，精而熟之也。”

桃树剪枝的启示

乡下的孩子不需要读多少书就能懂许多道理，比如贪欲的问题。每年冬天我都能看到一个人拿剪刀到果树上剪枝。为什么要剪掉？剪掉之后，第二年桃子的数量会少，但是会更大更甜。结 80 个桃子和结 20 个桃子，营养是固定的，所以我们要学会给自己剪枝。道理人人都懂，就看你能否下得去手。因为你剪的是自己。我认为剪枝是一个聪明的行为，不是道德的行为。大部分人只对今年感兴趣，剪枝是对第二年更有信心的表现。

——毕飞宇

专精的力量

载营魄抱一，能无离乎？专气致柔，能如婴儿乎？

——［先秦］老子

不专心致志，则不得也。

——［先秦］孟子

用志不分，乃凝于神。

——［先秦］庄子

精神专一，奋苦数十年，神将相之，鬼将告之，人将启之，物将发之。不奋苦而求速效，只落得少日浮夸，老来窘隘而已。

——［清］郑板桥

九、曹操的人才思想

（一）曹操其人

曹操，名阿瞒，字孟德。安徽亳县人。公元155—220年在世。少年时代任侠放荡，有权术。曾镇压黄巾起义军，讨伐董卓，成为一方豪强。从196年迎汉献帝到洛阳，开始“挟天子以令诸侯”，统一北方大部地区。208年，官至丞相。216年进封魏王。4年后逝世，享年65岁。

曹操是中国历史上了不起的政治家、诗人。毛泽东多次称赞曹操懂用人之道，招贤纳士，搞“五湖四海”，不搞宗派。曹操与其儿子曹丕、曹植两代人共同开创“建安文学”，“一家两代人都有才华，有名气，这在历史上也不多见啊！”

清朝人赵翼说：“三国之主各能用人，故得众力相扶，以成鼎足之势。”

鲁迅称赞曹操为“改造文章的祖师”。

延伸阅读

毛泽东早年写的诗歌《过魏都》

1918 年，毛泽东组织湖南青年勤工俭学到法国，路经河南许昌，与罗章龙凭吊魏都旧址，合作联诗一首。

过魏都

横槊赋诗意飞扬（罗），自明本志好文章（毛）。
萧条异代西田墓（毛），铜雀荒沦落夕阳（罗）。

延伸阅读

毛泽东评价曹操

毛泽东对北大教授卢荻说："三国的几个政治家、军事家，对统一都有所贡献，而以曹操为最大。司马氏一度完成了统一，主要就是他那时打下的基础。"（卢荻《毛泽东读二十四史》）

古人对曹操多恶评。曹操写的《让县自明本志令》是一篇表达个人社会政治主张的好文章，但卢弼《三国志集解》收录此文时却援引了不少他人的负面看法。

毛泽东批示道："此篇注文，贴了魏武不少大字报，欲加之罪，何患无词。"

1959年，毛泽东在庐山会议上说：“曹操被骂了一千多年，现在也要恢复名誉。好的讲不坏，一时可以讲坏，总有一天要恢复；坏的讲不好。”自此之后，曹操的白脸中间加了一个红点。

（二）曹操的重才宣言

请看这样一首诗：

《短歌行》

［东汉］曹操

对酒当歌，人生几何！譬如朝露，去日苦多。
慨以当慷，忧思难忘。何以解忧，唯有杜康。
青青子衿，悠悠我心，但为君故，沉吟至今。
呦呦鹿鸣，食野之苹，我有嘉宾，鼓瑟吹笙。
明明如月，何时可掇？忧从中来，不可断绝。
越陌度阡，枉用相存，契阔谈宴，心念旧恩。
月明星稀，乌鹊南飞，绕树三匝，何枝可依？
山不厌高，海不厌深，周公吐哺，天下归心。

这实际上是曹操的一首爱才诗，一篇爱才宣言。
是写给刘备的，还是写给荀彧的，不得而知。
曹操曾说：“生子当如孙仲谋”。

曹操还对刘备说："天下英雄唯使君与操耳"。刘备大惊，并以闻雷落箸掩饰。

王粲评三国用人

袁绍兵虽多，"然好贤而不能用，故奇士去之；刘表雍容荆楚，坐观时变，自以为西伯可规。士之避乱荆州者，皆海内之俊杰也；表不知所任，故国危而无辅。明公定冀州之日，下车即缮其甲卒，收其豪杰而用之，以横行天下；及平江、汉，引其贤俊而置之列位，使海内归心，望风而愿治，文武并用，英雄毕力，此三王之举也！"

——［东汉］王粲（建安七子之一，文学家、政治家）

（三）曹操的求贤

曹操"求贤令"节选：

（十五年春）自古受命及中兴之君，曷尝不得贤人君子与之共治天下者乎！及其得贤也，曾不出闾巷，岂幸相遇哉？上之人不求之耳。今天下尚未定，此特求贤之急时也。……若必廉士而后可用，则齐桓其何以霸世？今天下得无有被褐怀玉而钓于渭滨者乎？又得无盗嫂受金而未遇无知者乎？二三子其佐我明扬仄陋，唯才是举，吾得而用之。

（乙未，令曰）夫有行之士，未必能进取，进取之士，未必能有行也。陈平岂笃行？苏秦岂守信邪？而陈平定汉业，苏秦济弱燕。由此言之，士有偏短，庸可废乎！有司明思此义，则士无遗滞，官无废业矣。

（秋八月，令曰）昔伊挚、傅说出于贱人，管仲，桓公贼也，皆用之以兴。萧何、曹参，县吏也，韩信、陈平负污辱之名，有见笑之耻，卒能成就王业，声著千载。吴起贪将，杀妻自信，散金求官，母死不归，然在魏，秦人不敢东向，在楚则三晋不敢南谋。今天下得无有至德之人放在民间，及果勇不顾，临敌力战；若文俗之吏，高才异质，或堪为将守；负污辱之名，见笑之行，或不仁不孝而有治国用兵之术；其各举所知，勿有所遗。(《三国志·魏书·武帝纪》)

（四）曹操开创了杰出的文学人才团体

曹操是位文学家。诗文质朴自然，雄浑刚健，气势磅礴。被人称为“汉末实录，真史诗”。在他及其儿子的领导下，形成了一个文学流派——建安文学集团，真可谓“人人自谓握灵蛇之珠，家家自谓抱荆山之玉”。这个集团除“三曹”外，还有“七子”（孔融、王粲、刘桢、徐干、陈琳、阮瑀、应玚）等人。

自董仲舒独尊儒术以来，文学家的社会地位并不高，被当作“俳优蓄之”的对象，不能与经学家平起平坐。曹操父子“甚敬之”“甚喜之”，促进了文学人士的思想、个性解放和大胆写作。

（五）曹操的用人之道

1. 适才适用

人与人的追求是不同的，因此，把适当的人才放到适当的位置上是一件重要的事。

徐干身体不好，做官的欲望也不强烈，曹操就特别隆重地下达命令，让他回家休息。病好之后，又委任他一个闲职，在曹植身边做文学工作。徐干的《室思六首》情意缠绵，真挚动人，成为诗人创作同类作品的特有格式。

典韦、庞德性烈如火，视死如归。曹操就派他们披坚执锐打硬仗。

曹仁、张郃文武兼备、智勇双全，曹操就派他们统帅诸军，独当一面。

有的胆识不足，优柔寡断，曹操就派他们担当助手。

2. 爱惜人才

建安时期唯一的女诗人蔡文姬，在战乱中被胡兵所虏，流落南匈奴 12 年。曹操于建安八年用重金将其赎回，并为其重新建立了家庭。

“建安七子”的王粲，在刘表处待了 15 年。因貌丑，始终不得重用。《三国志》上说，“粲容状短小”，“表以粲貌寝而体弱通侻，不甚重也”。刘表死，王粲说服刘表之子刘琮归向曹操后，“为丞相掾，赐爵关内侯”。曹操建魏后，拜王粲为侍中。史称他“博物多识，问无不答，时旧议废弛，兴造制度，粲恒典也”。

3. 容纳人才

在曹操使用的人才里，有的曾经对他实行过人格侮辱。这在常人，是很难忍受下去的，曹操却忍受了。这从一个侧面反映了曹操对人才的爱惜之情。

陈琳在《为袁绍檄豫州》一文中，锋芒所指，直指曹操：“赘阉遗丑”，“卑侮王室，败法乱纪，坐领三台，专制朝政，爵赏由心，刑戮在口”，“百僚箝口，道路以目”，“举手挂网罗，动足触机陷”。后曹操抓住陈琳，有足够理由杀死他，但又认为他是个有用之才，就批评了几句，留了下来当了“司空军谋祭酒”，成为一位重要谋士。

狂才祢衡曾击鼓骂曹。曹操虽非常气愤，大概考虑到他的名气，还是容忍了他，把他送给了刘表。

官渡之战结束，发现自己阵营的通敌信，未予追究，团结了一大批部属。

曹操的不少谋臣猛将是战俘、降将，如徐晃、张辽、张郃，都为曹操立下赫赫战功。

曹操是一个矛盾体，也曾滥杀人才（如杨修）。这是曹操的另一面。

4. 为人才洗谤

曹操手下有一个叫国渊的人，很有才干，被任命为司空掾属，主管屯田，五年仓廪丰实，百姓敬勤乐业。但是不知什么原因，总是被人诽谤。曹操见状，非常生气，就把查找诽谤者的任务交给他本人。国渊仔细揣摩写信人的字迹和用语口气，又采用招考学馆教师的手段，从试卷中顺藤摸瓜，终于抓出了诽谤者。曹操能够把这样的任务交给人才本人，表现出对人才的最大信任，国渊能不努力报效？

5. 知人善任

曹操对部下的优劣长短十分清楚，所以能够做到知人善任。

公元 215 年，吴魏两国在安徽合肥有一场激战。守卫合肥的魏国将军是张辽、乐进与李典，兵力七千。进攻合肥的吴国兵力达到十万，显然吴国占有优势。魏国的三员大将，平时互不服气，这让曹操有点儿担忧。结果魏国大获全胜。这是什么原因呢?

原来，他写了一封信交给合肥护军薛悌，说吴军来攻时，再打开来看。到时一看，上面写着“若孙权至者，张、李将军出战；乐将军守护军，勿得与战”。众将皆疑。第一个明白曹意的是张辽。

张辽“少为郡吏，武力过人”。有胆有识，能够贯彻方针；乐进此人，个性烈壮，雅号“冲折将军”。李典此人，独当一面的能力欠缺，但能顾全大局，以往主要负责后勤工作。按照常理，让李典守护，乐进与张辽配合较为合适。但曹操反做倒用。这样做，实际上对乐进是个警告，让其注意认真守城。

张辽威震逍遥津的故事至今流传。

曹操哭郭嘉

赤壁大战，曹操大败。回到南郡，仰天大恸：“吾哭郭奉孝耳。若奉孝在，决不使吾有此大失也。”

曹操称赞郭嘉：“自从征伐，十有一年。每有大议，临敌制变。臣策未决，嘉辄成之。平定天下，功谋为高。”“奉孝最少，以后事属之。”郭嘉赤壁大战前去世，年37岁。

三国时期的人少长寿。周瑜、庞统35岁，鲁肃45岁，诸葛亮53岁。

6. 曹操用人讲五湖四海

公元220年，曹操病逝。有人建言曹丕：“趁此特殊时期，把各城守官都换成曹操家乡（谯沛）的人”。这时魏郡太守徐宣厉声喝道：“现在举国一致，人心向魏。为什么这样做？这不是要伤害大家的感情吗？”一声断喝，制止了错误做法。

曹操用人搞的是五湖四海，不搞小圈子。有学者说，小圈子来自小心眼。曹操用人很有气魄，包括曾经反对过自己的人。

7. 曹操能用“度外之人”

三国时期，有个天水人名杨阜。凉州刺史韦端派他出使许昌。回来后，人们问他，如今袁绍与曹操争雄，谁胜谁负啊？杨阜说：“曹公有雄才远略，决机无疑，法一而兵精，能用度外之人，所任各尽其力，此能济大事者也。”

度外，即局外，素昧平生者。

（六）曹操论德才关系

曹操对德才关系有自己的独特见解。在《论士吏行能令》中说："治平尚德行，有事赏功能。"有事之秋，主要是"赏功能"。

当时的一种议论是，军吏虽有功能，德行不足以任郡国之选，"可与适道，未可与权"。曹操反对这种观点，认为管仲的话是对的："使贤者食于能则上尊，斗士食于功则卒轻于死，二者设于国则天下治。"

后世顾炎武说："孟德既有冀州，崇奖跅驰之士，观其下令再三，至于负污辱之名、见笑之行、不仁不孝，而有治国用兵之术者。于是权诈迭进，奸逆萌生。"

讨论

怎么看待曹操的德才观？

延伸阅读

"德才兼备"与"才德兼备"

宋许月卿《先天集·人邑道中三首》：天涵地育王公旦，德备才全范仲淹。

《元史·丰臧解梦传》：才德兼备，宜擢清要，以展所蕴。

元无名氏《娶小乔》：江东有一故友，乃鲁子敬，此人才德兼备。

曹操的另一面

曹操滥杀人才：

曹操杀杨修。

曹操杀荀彧（谋士）。

曹操杀华佗（医生）。

曹操杀崔琰（清忠高亮，雅识经远，推方直道，正色于朝，甚有威望）。

陈寿在《三国志》中说："太祖性忌，有所不堪者，鲁国孔融、南阳许攸、娄圭，皆以恃旧不虔见诛。而琰最为世所痛惜，至今冤之。"

（七）曹操拥有一条人才链

曹操爱才、聚才，逐渐拥有了一条连绵不断的人才链，保障了事业的持续。

人才链有两种：血缘型与师徒型。曹操两个方面都具备。

师徒型人才链在科学界最为明显。例如汤姆逊与拉瑟福德就有上下相连的人才链存在。

应该研究人才链延续的内在机制。这对于探讨人才辈出规律是非常重要的。

血缘延续型：曹操——曹植，曹丕。蔡邕——蔡文姬。

师徒传承型：国外有雷利——汤姆逊——拉瑟福德——鲍威尔——威尔逊。

中国有华罗庚——苏步青——李大潜。

荐举共襄型：曹操得程昱，程昱荐郭嘉，郭嘉荐刘晔，刘晔荐满宠、吕虔，满宠、吕虔荐毛玠。

前两种人才链是纵向垂直的，后一种人才链是横向拓展的。

十、刘劭的人才思想

（一）刘劭其人

刘劭，字孔才，是汉末、曹魏时期邯郸人，大约生活在公元172—250年间，享年约70岁。刘劭是一位有名的政治家、思想家、文学家。历史学家陈寿称赞他“善叙事，有良史之才”。

刘劭官至三品，负责彰表诏命、规劝皇帝等事务。曾经主持制定《汉魏新律》，对官吏考察、察举、征辟有深入研究，以致将举贤任能的用人办法推到了登峰造极的地步。《人物志》就是他奉献给我国古代文化历史的一颗璀璨明珠。由于他文学功底深厚，所以我们今天看到的刘劭的文字，具有骈文特色，朗朗上口，平仄和谐。

正始年间，他开始执经讲学。卒，追赠光禄勋。

（二）刘劭的《人物志》

刘劭的《人物志》是他留给后世的一部不朽的关于识人用人的专著。被当代著名哲学家任继愈称为古代人才学的经典之作。全书共分为上中下三卷，计十二篇。上卷为“人物本体论”，中卷为“人物认识论”，下卷为“人物发展论”。

这部著作在 1937 年曾有人翻译为英文，当时就轰动了西方世界。他们压根就没有想到，早在三国时期中国就能出现这样一位对心理学有着如此深入探究的学者。任继愈说，虽然时间已经过去 1700 多年，但是刘劭的不少论述，对于今天我们观察人物性格、评判人物才能、研究人才标准，仍然值得认真借鉴。

当然，刘劭的有些观点今天看来不够正确。例如他认为，“圣人生下来就是圣人，小人生下来就是小人”。这种由于时代局限性带来的瑕疵，我们是能够觉察与体谅的。

1. 刘劭《人物志》的诞生背景

刘劭所生活的东汉末年，随着政治危机的加深，一种自发产生于知识分子人群中的清议活动兴起。实际上是一种人才评议活动。士人一经权威人物肯定，立刻身价百倍，被称为“登龙门”。刘劭、郭泰就是这样的权威人物。刘劭当时主持汝南地方的民间清议活动“月旦评”，即每月初公布对一郡名士的评语，影响很大。

据说，曹操年轻时曾经纠缠着刘劭给他下评语，刘劭无奈地给出“君清平之奸贼，乱世之英雄”11字，曹操大悦而去。(《后汉书·刘劭传》) 刘劭的《人物志》就是在这种社会氛围中诞生的。因为“人物品评”用的是形名之学，故这类书，一般被归之于名家著作。

2. 刘劭《人物志》的学术风格

刘劭的学术风格，属于形名学方法。其一是“校实定名”；其二是“辨名析理”。

校实定名涉及三个概念,“名”“形”“实”。名指名称，形指现象，实指性质。当时人认为，三者的关系是：实通过形表现出来，形直接决定了名的产生。故名与实之间，形为中介。所以这种方法又叫形名方法。

关于辨名析理，是指通过概念的比较，研究概念之间的关系，从而达到认识事物规律的目的。

这两种方法，既可单独运用，又可一起运用。

形名学的基本逻辑是：事物的实，产生了形，形决定了名。同时，可以用名来检验形，以达到符实的目的。

3. 刘劭方法论的举例

例如，刘劭认为，人的素质有明暗、勇怯、强弱之差异，表现出来的身体表征有九种，即神、精、筋、骨、气、色、仪、容、言。这属于中介。我们可以依据九种表征的完善程度，将九种表征都具备的人，称为具有“纯粹之德”的人，而把其余的人，称为“偏杂之才”。

再比如，刘劭认为，“英雄”这个名号实际上是“英”与“雄”两个名号结合在一起的。英雄的内在的素质包括四个，即聪、明、胆、力。要想成为“英”，除了具备聪、明之外，还需加上“雄”中的“胆”；要想成为“雄”，也是这样，“力能过人，勇能行之，而智不能断事，可以为先登，未足以为将帅”。

过去有种说法，中国古人不讲逻辑。现在看来，可能要研究一番《人物志》，再做结论。

（三）刘劭的人才分类思想

刘劭依“性情”之不同，将人才划分为三个大的类别：全才、兼才与偏才。

全才指的是理想的君主。全才之人，囊括了所有偏才的特点而出现中性的状态。中性之质平淡无味。但是它“能威能怀，能辩能呐，变化无穷，以达为节”。（《人物志·体别》）

兼才指贤人或理想中的宰相，各种优秀素质具备，但不够完善。

偏才指一般大臣。依气质之不同，分为12种。即清节家、法家、术家、国体、器能、臧否、伎俩、智意、文章、儒学、口辩、雄杰。

在这之下，社会上尚有“依似之人”与“间杂之人”。前者为乱德之人，后者为无恒之人。

（四）刘劭创立的“偏才性情学说”

刘劭认为人才类型不同，长短利弊与使用方法也不同：

强毅之人，狠刚不和，以顺为挠，可以立法，难与入微。

柔顺之人，缓心宽断，以抗为刿，可与循常，难与权疑。

雄悍之人，气奋勇决，以顺为恇，可与涉难，难与居约。

惧慎之人，畏患多忌，以勇为狎，可与保全，难与立节。

凌楷之人，秉意劲特，以辩为伪，可以持证，难与附众。

辨博之人，论理赡给，以楷为系，可以泛序，难与立约。

弘普之人，意爱周洽，以介为狷，可以抚众，难与厉俗。

狷介之人，砭清激浊，以普为秽，可与守节，难以变通。

休动之人，志慕超越，以静为滞，可以进趋，难与持后。

（五）刘劭主张的适才适用思想

刘劭认为，君主之能本质上是全能。大臣则不然。故要适才适用。王晓毅在《知人者智》中，根据刘劭的思想列出下表（《人物志·材能》）：

才性	擅长	中央宜任	适宜	不宜治理
清节之才	自任	冢宰之任	统大	治小则疑
法家之才	立法	司寇之任	治烦	治易无易
术家之才	计策	三孤之任	治难	平无奇治
智意之才	人事	冢宰之佐	治新	治旧则虚
谴让之才	行事	司寇之佐	治侈	治弊则残

（六）刘劭的五行人才学说

阴阳五行是中国古代哲学思想的重要组成部分。《黄帝内经》中说："天地之间，六合之内，不离于五，人亦应之。盖有太阴之人，少阴之人，太阳之人，少阳之人，阴阳和平之人。"

东汉时期的王充在《论衡》中说：“人秉天地之性，怀五常之气，或仁或义，性术乖也。”

刘劭在继承传统的基础之上，提出“禀阴阳以立性，体五行以著形”的理论，指出金木水火土五物在人才的身体上各有表现：金筋、木骨、水血、火气、土肌。它们又分别与人的道德品质仁义礼智信相对应。刘劭举例说，“木骨”发育完善，才能有“弘毅”，它代表的是“仁”的伦理，等等。(《人物志·九征》)

（七）刘劭对人才识别的贡献

一般认为人才识别的陷阱有三个：以貌取人，以言取人，以派别取人。刘劭指出，还有“以己之长取人”。这是对心理学有着深入研究的人才可能指出的，在社会上普遍存在的现象。

每个人都有其所长。但是，这种所长，很可能成为一个人肯定其他人的一个“着眼点”，非常看重。这就会使他陷入盲区，把自己的长处作为判别是否人才的标准。

《人物志·接识第七》中说：“夫人初甚难知，而士无众寡皆自以为知人。故以己观人，则以为可知也。观人之察人，则以为不识也。”刘劭举例说：“夫清节制人，以正直为度（鉴别人才的标准），故其历众材也，能识性行之常，而或疑法术（策谋奇妙者）之诡。”

（八）刘劭论人才考察

刘劭主张采用“五视法”：居，视其所安；达，视其所举；富，视其所与；穷，视其所为；贫，视其所取。

在《周逸书·官人解》中，有这样的论述：富贵者，观其有礼施。贫贱者，观其有德守。嬖宠者，观其不骄奢。隐约者，观其不慑惧。可以参照。

（九）刘劭论人才被埋没的原因

刘劭认为人才被埋没有七种原因——既有人才自身内因，也有社会客观外因（《人物志·效难第十一》）：

（1）或所识者在幼贱之中，未达而丧。

（2）或所识者未拔而先没。

（3）或曲高和寡，唱不见赞。

（4）或身卑力微，言不见亮。

（5）或器非时好，不见信贵。

（6）或不在其位，无由得拔。

（7）或在其位，以有所屈迫。

延伸阅读

司马光的相关评论

司马光在《通鉴》卷七十三中说：

“为治之要，莫先于用人。而知人之道，圣贤所难也。是故求之于毁誉，则爱憎竞进，而善恶混淆；考之于功状，则巧诈横生而真伪相冒。要之，其本在于至公至明而已矣。”

“为人上者至公至明，则群下之能否焯然形于目中，无所复逃矣。苟为不公不明，则考课之法，适足以为曲私欺罔之资也。何以言之？公明者，心也；功状者，迹也。己之心不能治，而以考人之迹，不亦难乎？”

“虽询谋于人而决之在己，虽考求于迹而察之在心，研核其实而斟酌其宜，至精至微，不可以口述，不可以书传也。”

司马光认为，像刘劭那样只注意考课之法，而忽视对官员官德教育是不对的，“不得其本奔趋其末”。

十一、李世民的人才思想

（一）李世民其人

李世民，祖籍陇西成纪人，今甘肃天水秦安人。一说河北邢台隆尧人。是唐朝第二位皇帝。公元 599 —649 年在世，享年 50 岁。唐朝建国之初，受封秦国公，后晋封秦王，平定军阀立功，统一国内。后发动玄武门政变，登上皇位。开创了贞观之治，为大唐开元盛世奠定基础。

由于他领导才干杰出，善于用人，深受后人好评，被誉为“千古一帝”。李世民广开才路，胸怀远大，使得国家人才辈出，群星灿烂。李世民与其大臣之间的对答被吴兢辑为《贞观政要》，晚年著有《帝范》。

（二）李世民论“用人如器，各取所长”

李世民令宰相封德彝举贤，过了好久也没呈报。李世民诘问他，他说：“并非臣下不尽心，只是现今没有什么奇才了啊！”李世民说：“君子用人如器，各取所长而已。那些古代把国家治理得很好的人，难道是从另外的时代将人才借来的吗？只能怪你自己不能识别人才，哪能妄言今世没有人才了呢？”

事实上，李世民非常懂得人才的长与短，知道如何使用他们，做到人尽其才，才尽其用。他还说：“为政之要，惟在得人，用非其才，必难致治。”任人“不可以求备，必舍其所短，取其所长”。(《贞观政要·崇儒》)

讨论

用人如器对不对？

链接

李世民评论其臣下的长短

长孙无忌处世练达，善避嫌疑，应变能力强，处事果断，但带兵打仗不行。高士廉博览群书，涉猎古今，品质坚贞，不足之处是不能直言批评。唐俭能言善辩，处事圆通，善于协调人际关系，但跟我三十年几乎没有谈到国家兴衰大事。杨师道性情温和，小心谨慎，不犯错误，但应付紧急大事不够得力。岑文本忠厚朴实，词章华丽，好引经据典，自认为能够不负众望。褚遂良学

问深厚，性格正直，很靠近我，有点飞鸟依人。（《资治通鉴》卷一百九十七）

（三）李世民论“用人五法”

贞观二十一年（647年）李世民在翠微殿与群臣讨论为什么能得天下，进而讲出了自己的五条用人经验。这五条是：

（1）古代帝王往往嫉妒才能超过自己的人，而我则把他们的才能当作自己的才能。

（2）人做事不可能样样都行，我总是让人扬长避短。

（3）我能让贤良的人才和有缺点的人才各得其所。

（4）历代人主常憎恨正直的人，明诛暗杀，我从来没有黜责过一人。

（5）我能够平等对待少数民族人士，所以各个部落都来亲附。（《资治通鉴》卷一百九十八）

（四）李世民的“天下人才我所用”

李世民说，“自古皆贵中华，贱夷狄，朕独爱之如一”。他奠定了唐朝“混一戎夏”的格局。从中央到地方任职的官员包括了天竺人、阿拉伯人、波斯人、日本人、高丽人、新罗人、越南人、突厥人、康国人等等，简直就像个联合国。

有唐一代，用人胸怀宽阔。

天文历法官员：伽叶氏、俱摩罗氏担任知太史事，太史监是天竺人。

药王：韦古道是天竺人。

武官：都护高仙芝是高丽人。

外邦武官：史大奈是突厥人，李元谅是阿拉伯人，阿罗喊是波斯人。

真可谓是，“天下人才天下用，天下人才为我用”。

（五）李世民论“领导的主要责任是选用人才”

李世民在多处讲到领导的主要责任是选人用人，告诫主要领导不能埋头具体事务。在《通鉴纪事本末》中记载，李世民对房玄龄、杜如晦说：“你们都是身居要职的官员，应当广泛寻求人才，根据才能授予职务。这是宰相应尽的责任啊！如果一天到晚忙于诉讼案件，怎么能帮助我找到人才啊！”

《资治通鉴》记录着治书侍御史权万纪向李世民报告宣、饶二州银矿藏量丰富，每年可获几百万缗！李世民说：“我贵为天子，缺少的不是钱财。与其得金子，怎比得上得到一个人才啊？你任职以来，没有向我推荐一个人才，也没有建议罢免一个无能之辈，还专门报告税银之利，你是想让我不得好下场吧！”

李世民有个屏风，上面写着都督、刺史等重要官员的名字，以及他们的工作情况，“以备黜陟”。

一为朝廷之臣，鉴达知体，经纶博雅。

二为文史之臣，著述文章，不忘前古。

三为军旅之臣，决断有谋，强干习事。

四为藩屏之臣，明练风俗，清白爱民。

五为使命之臣，识变从宜，不辱君命。

六为兴造之臣，程功节费，开略有术。

人性有长短，岂责具美于六涂哉！但当晓旨趣，能守一职，便无愧耳。(《颜氏家训·涉务篇》)

（六）李世民论“为官择人”

李世民对魏征讲过一段关于为官择人的话：“古人云，王者须为官择人，不可造次即用。”“用得正人，为善者皆劝。误用恶人，不善者竞进。赏当其劳，无功者自退；罚当其罪，为恶者戒惧。故知赏罚不可轻行，用人弥须慎择。”(《贞观政要》)

这里有三层意思：一是出发点，即为官择人；二是慎择；三是赏罚正确。

（七）李世民主张“用人至公”

所谓“用人至公”就是用人要公平。

有一次淮安王李神通向李世民说：“我自关西起兵，首举义旗。今房玄龄、杜如晦之流就会动动刀笔，怎么就爬到我的头上？我实在不服。”

李世民说：“刚举义旗时，你也只是为了脱离险境。窦建德吞噬山东时，你已经全军覆没。而房玄龄等运筹帷幄、决胜千里使社稷得到稳固。论功行赏轮不到你。我不能因为照顾私情，就把赏赐送你啊！”众将军听后，都称赞李世民大公无私。

还有一次，房玄龄说：“秦府一些没有升官的老人说，我们干了多年了，现在官位反而排在前宫、齐府人的后面，不公平啊。”

李世民说：“选任贤才，不能以新老决定前后。如果新的是好的，老的不成器，怎么能舍新而取旧呢？现在有人不论自己有没有能耐，仅仅凭老资格发牢骚，能说他们符合政体的要求吗？”

（八）李世民善于通过人才发现人才

有一次李世民听中郎将常何汇报工作，二十多条建议讲得头头是道。他就问常何：“这是你写的吗？”常何说不是。李世民追问，那是谁写的？常何回答是由于家境贫寒而居住在自己家的马周写的。李世民立即召见马周，并委以重任。马周后来官至中书令。

（九）李世民不主张搞小动作

李世民对下属受贿之事非常头疼。有一次他秘密派人对部下行贿，实际上是送了一匹绢。然后，李世民下令把受贿人杀死。

这时民部尚书裴矩上谏说：“为吏受赂，罪诚当死。但陛下使人遗之而受，乃陷人于法也，恐非所谓‘道之以德，齐之以礼’。”李世民很高兴地接受了裴矩的建议，并把高级官员召集起来宣布裴矩是对的。

《资治通鉴》还记录了唐太宗反对“阳怒以试”的鉴别忠臣方法，批评了以小是小非不断打报告的小人。

（十）李世民用人不讲门第

李世民不同意“龙生龙，凤生凤”的陈腐观念。他说：“汉高祖与萧、曹、樊、灌皆起于布衣，卿辈至今推仰，以为英贤，岂在世禄乎！”

薛仁贵原是绛州龙门人，出身寒微，但在东征战场上冲锋陷阵、勇不可当，李世民就提拔他为“游击将军”。后来，薛仁贵成为大唐一代名将。

（十一）李世民使用人才不计其过

李世民能够容人之短，表现出杰出的政治家胸怀。

邓世龙才华横溢，但是他曾在李世民的反对派阵营工作过，还大骂过李世民。贞观初年，李世民征他为“国子主簿”，后来又提拔他为“著作郎”，并专门前去表示慰问。

颜师古是一位大学问家，官拜中书侍郎。但他曾经“抑素流，先贵势”，做过受贿之事。李世民对他实行处分，贬官下放。后李世民不忍心，又让他官复原职。

（十二）李世民重视官员精简与退休

李世民认为“官在得人，不在员多”。令房玄龄精简合并机构，裁减冗员。由数千人精简为“文武总六百四十三人”。

对于退休，李世民也有创立，鼓励“致仕”，即“还禄于君”。李靖请求致仕，他说：“朕观自古以来，身居富贵，能知止足者甚少。”有的人“才虽不堪，强欲居职，纵有疾病，犹自勉强”。他称赞李靖，“能识达大体，深足可嘉。朕今非直成公雅志，欲以公为一代楷模”。于是下诏，特进散官，位在三公之下，正二品，享受宰相待遇。(《资治通鉴》卷一百九十四)

十二、武则天的人才思想

（一）武则天其人

武则天，公元624—705年在世，原是唐太宗李世民宫中的宫女、才人，经过尼姑、昭仪、皇妃，登上皇后宝座。公元690年，武则天废自己儿子唐睿宗而代之，当上了中国历史上第一位女皇帝。

武则天通经史，多权谋，刚强机智，极有政治才能。在她专权的半个世纪里，没有造成社会动乱与国家分裂。她使“贞观之治”的局面得以延续，这与其广开才路、善于用人是分不开的。武则天重视人才，放手使用，胸怀宽阔，改进科举，带来了一个人才荟萃的时代。

宋代司马光说：“虽以禄位收天下人心，然不称职者，寻亦黜之，或加刑诛，挟刑赏之柄，以驾驭天下，政由己出，明察善断，故当时英贤亦竞为之用。”（《资治通鉴》）明代李贽说：“试观近古之王，有知人如武氏者乎？”“亦有专以爱养人才为心，爱民为念，如武氏者乎？”

（二）武则天的性格

武则天还是一名宫女的时候，李世民有一匹名马叫狮子骢，肥壮任性，没有人能够驯服它。武则天说："我可以驯服。只需要三种东西：一是铁鞭，二是铁棍，三是匕首。先用铁鞭抽打它，不服，则用铁棍敲击它的脑袋，还不服，就用匕首割断它的喉咙。"

（三）武则天信任宰相狄仁杰

历代王朝中，皇帝与宰相的关系至关重要。武则天对宰相狄仁杰十分信任，十分倚重。

一次，武则天问狄仁杰：你在汝南时政绩卓著，但也有人告你的状。你想知道他的名字吗？狄仁杰答：臣如有过，陛下指出可以改正。如你认为我无过，那是我的荣幸。我不愿知道告状的是谁。武则天听罢，赞叹许久。

武则天想立自己的侄子武三思为太子。朝中大臣都认为不当，但谁也不敢公开表态。独有狄仁杰说不可。武则天问为什么？狄仁杰回答：如果匈奴犯边，让武三思去招募抗敌勇士，一个月招不到千人；如果让庐陵王去，不几日就可招募五万。武则天认为狄仁杰言之有理，复立庐陵王为太子，解决了武则天身后继承人的问题，避免了日后的分裂、动乱。武则天还让狄仁杰推荐人才。狄仁杰推荐了荆州长史张柬之。武则天将其晋升为洛州司马。过几天，武则天又让狄仁杰举荐人才。狄仁杰说我不是举荐了张柬之吗？但陛下未用。武则天说已用。狄仁杰说，臣是举荐相国的，当司马不算是用他。不久，张柬之拜相。

张柬之日后，除掉了张宗昌、张易之等奸佞，为稳定唐朝政局起到了重大作用。

（四）武则天惜才骆宾王

徐敬业起兵反对武则天时，骆宾王起草了讨伐武则天的檄文《讨武曌檄》。武则天初读此文只是一笑了之，认为无非是些谩骂，什么“入门见嫉，蛾眉不肯让人，掩袖工谗，狐媚偏能惑主。近狎邪僻，残害忠良，秽乱宫闱，豺狼成性，残害忠良，杀姊屠兄，弑君鸩母”。但是，当她看到“一抔之土未干，六尺之孤何托”时点头说文笔不错。当她看到“请看天下之域中，竟是谁家之天下”时，吃惊地问道：“这是谁写的？”近臣回答说是骆宾王，武则天当即责怪宰相：“此人有这样的文才，怎么让他流落到那边去了？没重用这样的人才，是你的过失啊！”武则天下令要找到骆宾王。未果。

（五）武则天初开科举武举

在武则天之前，没有武举。公元 702 年，武则天初开武举。根据《通典》卷十八“选举六”记录，初衷是“恐人忘战”，“教人习武艺”。证明她所重视的不仅是文学之士。那时的考试科目包括马射、步射、马枪、负重。当然对应考者有“材貌”“言语”方面的要求。应考者身高必须在 6 尺以上，“躯干雄伟”，有神采。在回答提问时“应对鲜明”。

在平定安史之乱中发挥重要作用的名将郭子仪就是武举出身。戏曲《打金枝》使郭子仪声名远播。唐以后，宋朝之武科，先阅骑射，后考策问。光绪二十七年（1901 年）武举被废止。有人统计，中国历史上，文武状元总共 892 人（包括太平天国、金和张献忠的大西国）。

（六）武则天容才胸襟宽广

武则天当皇帝，与男性皇帝不同。她面临着两个很难办的尴尬问题，男宠与正统。男宠即她宠幸的薛怀义、张易之、张昌宗等人；正统即她这位女皇是不是应该代唐自立。在这两个问题上，她对于来自大臣的触动心弦的议论表现出矛盾、不悦，也冤屈处死过一些人。但总的看，胸怀是宽阔的，是不容易做到的。

例如，大臣朱敬则当面批评她生活腐化、宠爱男妾，她虽不改正，但对朱敬则说："非卿不闻此言"，"赐百缎"。

武邑人苏安恒两次上书，批评其代唐自立，要求她还政于李氏。武则天不仅没有生气，还把苏安恒招进宫中，赐给食酒。

自此劝谏之言不断。武则天最后还是重立中宗为太子，临死前遗嘱去帝号，称"则天大圣皇后"，回到李家庙堂。

（七）武则天实行录用"糊名制"

武则天改革朝政，公元 692 年实行试任制。举人不再进行考试即可做官，授予御史、评事、拾遗、补阙等职，一时间官员多得数不胜数，武则天下令将选送的案卷上的姓名、籍贯密封起来，让吏部主官无记名定职任。

张鷟写顺口溜讽刺曰："补阙连车载，拾遗平斗量，把推侍御史，腕脱校书郎"。有个被荐举的人沈全交补充说："糯糊粘心的存抚史，眯了眼睛的圣神皇。"

到了宋代，为了避免"认识字画"，根据李夷宾的建议，将考生的考卷用朱笔另行誊录，以誊录本送考官评阅。朱卷评阅之后，取出原卷，按姓名填写榜文。这对于防止考官"徇情取舍"发挥了很大作用。

（八）武则天殿试选人才

殿试由武则天创制。但是并未完成定制，至宋始为常制。由皇帝亲自审阅试卷第一名，乃殿试之雏形。此前，晋武帝曾亲自诏问阮种。武则天时，实际上是恢复完善之。

有人认为，殿试的背景为，武则天迫切需要一个与世家大族相抗衡的官僚集团。武则天在洛阳殿“亲发策问”，以选拔人才，为庶族地主阶级登上历史舞台提供了方便，目的是用以打击势力强大的关陇集团的人。

（九）武则天重用契丹李楷固

李楷固原是契丹酋长，公元696年随契丹首领李尽忠反叛武周。他曾经一路杀死营州都督赵文翽、冀州刺史陆积、夏官尚书王孝杰，周军一听到他的名字就胆战心惊。后来，武则天调任文武双全的狄仁杰担当幽州都督，用妙计大败契丹军，活捉李楷固，并将其押至洛阳。满朝文武皆要求将其处死，武则天却将其赦免，任命其为左玉钤卫大将军，负责剿灭契丹残余叛军。

这之后，李楷固感激涕零，带兵深入朔漠，大获全胜。武则天亲自迎其凯旋，晋升其为大将军，封燕国公，赐姓武。

（十）武则天调解重臣矛盾

狄仁杰出任宰相后，总怀疑自己当年遭受迫害与娄师德有关，总是想把娄师德排斥出去。一天，下朝后，武则天把狄仁杰留于偏殿闲谈。

武则天问："狄爱卿觉得娄师德此人如何？"狄仁杰答："他带兵打仗，有过战功。"武则天问："娄师德能够发现和荐举出色人才吗？"狄仁杰答："臣与其曾经共事，尚无此种感受。"武则天哈哈大笑，随后说："爱卿今日为相，可知谁人所荐？若无娄卿力争，我是不会下决心让你当此重任的。"说着，递给狄仁杰一份奏章，原是娄师德对他的推荐表，狄仁杰不禁感慨内疚，向武则天表示："娄公海量，而微臣远不及！"

从此，狄仁杰改变了对娄师德的态度，二人密切配合，共同辅佐武则天。

（十一）武则天用人的矛盾性

武则天用人具有两面性，就是忠奸并用，恩威并施。她重用狄仁杰、徐有功、杜景俭、张柬之、姚崇等贤臣，也鼓励告密，选任酷吏周兴、来俊臣、索元礼罗织罪名，陷人于狱。

例如狄仁杰就曾被来俊臣构陷下狱，备受折磨。后来，武则天又救了他，使之剖肝沥胆以图报效。这样旋贬旋复的用人方法高深莫测，令臣民悚栗不已。

死在她手里的大臣有长孙无忌、褚遂良等一大批人。武则天对一些政敌怨毒甚深，大搞特务统治，导致人人自危。这是应该予以批判的。

资料

置铜匦、用酷吏

公元686年，武则天下令铸造“铜匦”，可将奏表投入其中，谈论朝廷得失，实际上是大开告密之门。

有个叫索元礼的人领悟了武则天的意图，因告密而被召见，得到赏赐。之后，周兴、来俊臣等纷纷效仿，开始罗织罪名，实施酷刑。来俊臣与人一起编著了数千言的《罗织经》，还发明了各种各样的酷刑：有“定百脉”“突地吼”“死猪愁”“求破家”“反是实”诸名称。酷刑有“凤凰晒翅”“玉女登梯”“仙人献果”等，令人恐惧。

武则天倚重酷吏，处死唐朝贵族贵戚数百人，杀害大臣数百家，杀害刺史郎将无数。据御史严善思向武则天提供的数据，受诬告服罪而死者850余人。

这是武则天遭人诟病的主要原因，也是其人生评价的阴暗一面。

十三、欧阳修的人才思想

（一）欧阳修其人

欧阳修，字永叔，江西庐陵人，公元1007—1072年在世。北宋著名政治家、文坛领袖。欧阳修四岁丧父、家境贫寒，是母亲教他读书，以荻草为笔、沙土为纸，这也是“画荻学书”成语的来源。叔父看他好学不倦，安慰他的妈妈说：“嫂无以家贫子幼为念，此奇儿也！”

宋仁宗时，欧阳修官至参知政事，支持、参与范仲淹“庆历新政”，在执政用人方面，可以称得上是历史人物中的杰出楷模。他的人事人才思想与爱才荐才作为，在中国历史上占有显著地位。

链接

苏轼、王安石对欧阳修的评价

苏轼是很会写文章的人。苏轼评价欧阳修的角度极其新颖，从其“被用”写起，十分生动感人。他说：“昔其未用也，天下以为病；而其既用也，则又以为迟；及其释位而去也，莫不冀其复用，至其请老而归也，莫不怅然失望；而犹庶几于万一者，幸公之未衰……”（见苏轼《祭欧阳文忠公文》）

王安石也非等闲之辈，他用如椽巨笔把欧阳修写得千古不朽：“如公器质之深厚，智识之高远，而辅学术之精微，故充于文章，见于议论，豪健俊伟，怪巧瑰琦。其积于中者，浩如江河之停蓄；其发于外者，烂如日星之光辉。”（见王安石《祭欧阳文忠公文》）

（二）千古伯乐荐人才

北宋时期，由于内忧外患频仍，当政者往往重财、重兵，不注重人才问题。欧阳修明确地提出“为政之本在于任贤”的大政方针。他说：“然财丰矣，取之有限而用之无度，则下屈而上益劳；兵强矣，而不知所以用之，则兵骄而生祸。所以节财、用兵者，莫先乎立制，制已具备，兵已可使，财已足用。所以共守之者，莫先乎任人。”（《本论》）

欧阳修一生为官，无论在中央还是在地方，都把发现和用好人才放在重要位置。如范仲淹从陕西前线调任枢密副使时，他进谏说：“枢密副使范仲淹有宰辅才，不宜局在兵府，愿罢举正，以仲淹代之。”也就是要求罢免王举正，换上范仲淹，以让他在更大政治舞台上发挥作用。范仲淹执政后，开始了“庆历新政”。

欧阳修一生举荐的人才还有苏洵、苏轼、苏辙、王安石、曾巩等。

1. 欧阳修荐举苏轼

宋仁宗嘉祐二年（1057 年），欧阳修被任命为礼部考试的主考官。与他配合的官员还有韩绛、范镇、梅尧臣。苏轼的考卷本来应录为第一的，只因为中间出了一个岔子。

梅尧臣看到一篇《刑赏忠厚之至论》的文章，风格极像孟子，只是其中一个关于“皋陶曰杀之三”的典故查不到，不能定论。欧阳修也看了一遍，认为确实很好。他猜想准是自己门生曾巩的考卷，担心招人非议，就把它定为第二。

揭开考生姓名标签后才发现，那是苏轼的文章。苏轼金榜题名，他和他的老爸、兄弟都得到仁宗皇帝的接见与夸奖。

欧阳修后来邀请苏轼见面谈话，认为他的文章必定能够独步天下。

慧眼识才的欧阳修，不愧是苏轼的伯乐！

2. 欧阳修大力扶植曾巩

曾巩 12 岁就写得一手好文章，只是因为考官不识文章好坏，使其两次落选。对于这种很难办的事情，欧阳修感到十分内疚，爱莫能助。当曾巩要离开汴京的时候，欧阳修写了一篇《送曾巩秀才序》送给他。信的内容是，应该像农民不以年岁丰馑照样耕耘一样，不要放弃自己的梦想。15 年后的嘉祐二年，欧阳修担任科举的首席主考官，曾巩终于高中进士。后来，曾巩又是借助于欧阳修的保举，担任了馆阁校勘。欧阳修曾经盛赞曾巩说："过吾门者百千人，独于得生为喜。"

日后，是曾巩把王安石介绍给欧阳修，欧阳修对王安石也是多有奖掖荐举。

3. 欧阳修勉励王安石

欧阳修对王安石的了解，缘于曾巩的推荐。曾巩曾经不止一次向他推荐，并把王安石的文章送给他读。当知道欧阳修有意接见王安石的时候，曾巩写信给王安石说："欧公悉见足下之文，爱叹诵写，不胜其勤……亦以书来言：此人文字可惊，世所无有……欧公甚欲一见足下。能作一来计否？"。于是王安石借机拜访，宋朝六大家终得聚会。欧阳修视小自己 14 岁的无名晚辈为贵宾，寄予厚望。欣然赋诗："翰林风月三千首，吏部文章二百年。老去自怜心尚在，后来谁与子争先。"他把王安石视为与李白、韩愈是一个级别的人物。他赞许王安石说"守道不苟，自重其身，议论通明，兼有时才之用"。即使后来因二人政治观点不同，也没有贬损王安石对欧阳修人格的敬仰。

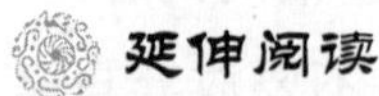

欧阳修一札荐三相

宋朝叶梦得写有一本很有名的书《避暑录话》。在这本书中，他记录了这样一个故事：欧阳修曾经“一札荐三相”。那么，欧阳修荐举的都是什么人呢？一般人绝对不会想到，他荐举的一是仇人之子吕公著；二是政见不同的司马光；三是经术不同的王安石。

《宋史·欧阳修传》称赞欧阳修说：“奖引后进，如恐不及，赏识之下，率为闻人。”如此胸怀，世间少有。欧阳修真不愧为宋代杰出的政治家，人格高尚，温润如玉！

（三）举才不因个人好恶

欧阳修举才，有一个重要特征，就是出以公心，而不是出于私心，所以能够做到坦坦荡荡，超越个人利益。宋朝的朝廷里政治生态复杂，君子小人鱼龙混杂，党派斗争异常激烈，即使像苏轼那样聪明的人也感到不好做人，屡次要求到地方上去工作。在这种情势下，回看欧阳修一生举荐的是什么人，反对的是什么人，就会更加佩服他的为人。

即使在今天，能够达到欧阳修这种境界、水平的官员，恐怕也没有几个。

1.“三苏”拿的是谁的介绍信

北宋嘉祐三年（1058年），苏洵、苏轼、苏辙拿着成都太守张方平的推荐信，从四川眉山老家来到当时的首都汴京，也就是今天的开封，拜见欧阳修。考试前拜访名人，是当时的规矩。可是，当时“三苏”并不知道，张方平在庆历新政后，曾经借“朋党之事”猛烈抨击过欧阳修，两人关系并不和睦。这时，担任翰林学士的欧阳修并没有因为“三苏”所持推荐信是张方平的缘故，迁怒于“三苏”，而是认认真真读完他们的文章，高兴地说：“后来文章当在此！”欧阳修还把苏洵的文章拿给仁宗皇帝看，使这个原本默默无闻的中年人，名声大噪，来访者踢破了门槛。

2.对“有过节者”也要荐举

王安石年轻时自视很高，有点儿看不上欧阳修；司马光在朝廷讨论英宗尊奉问题时曾指责欧阳修蛊惑人心。对于这些事情，欧阳修都不计前嫌，该推举就推举。

“世服其能知人”，是后人对欧阳修的由衷称赞。（叶梦得《避暑录话》）

3. 认真挑选自己的接班人

欧阳修主盟文坛后，有意识地挑选自己的接班人。先是曾巩，其次是王安石，最后选中的是苏轼。

熙宁四年（1071 年）6 月，朝廷批准欧阳修致仕，7 月抵达颍州。9 月下旬苏轼、苏辙来到颍州拜谒恩师。趁着这次难得的相聚机会，欧阳修以衣钵相授的口吻将引领时代文学发展的接力棒交给了苏轼。他对苏轼说："你是与我同一类的人，别人无法与你相比。如今，我已经老朽，日后文坛发展的希望就此委托给你。"苏轼再拜稽首。

（四）以己之长，走己之路

欧阳修曾在嘉祐三年（1058 年），接替包拯担任开封府知府。包拯在宋朝名气太大，素以断狱英明著称于世，执法如山，治事严明。接替他做知府者，确实不好干。

欧阳修并不盲目学习包拯，而是按照自己的风格行事。汴京城内，大小事务处理得井井有条，让百姓安居乐业。

欧阳修认为，人的性格、才能各有所长，不能舍长以就短，遵从多数人的喜好以求沽名钓誉。只要尽心做好自己认为应该做好的事，没有派头、做不出样子，也是很好的。

（五）著书不掠人之美

欧阳修奉旨主修《新唐书》。书稿主要部分——“列传”已由另外一名文学家宋祁写成。全书完稿后，皇帝说，书稿两人分写，体例上看着也不顺当，是否由欧阳修改写宋祁写的部分。这样，署名问题也好解决。欧阳修却说，宋祁出了很大的力，而且也有自己的风格，我不应该去改变人家的风格，更不宜掩盖人家的功劳。

皇帝原来的意思还包括，欧阳修职位高，不好处理与宋祁并列署名的问题。

后来，宋祁听说了这件事，感慨地说，自古文人相轻，欧阳修知人惜才，胸怀大度，高风亮节啊！

（六）广开进才之路

宋英宗治平二年（1065 年），天下遭受大雨，传言是朝廷不选贤任能所致。宋英宗向朝臣询问此事时，欧阳修说：我朝用人，中书省、枢密院的人才从翰林学士、中书舍人中选拔，而他们都是从昭文馆、集贤院、史馆这三个地方上来的。也就是说，三馆是人才上升的通道。过去进入三馆有三个通道，现在，其中两条给堵死了。所谓三条，一是高中进士，二是大臣推荐，三是按照规定在原有职位上升迁。

首先，过去前五名进士可以到三馆任职，进士考试夺魁者十年可居宰相职位；现在，进士魁首要在其他职位上供职10年才能踏入三馆门槛。其他名次靠后的人，就更没有机会了。

其次，过去朝臣荐人马上可入三馆；现在，需要等到三馆有了空缺才行。因为没有定数，所以永久空缺。受举荐者等到死，也未必有机会。

现在只剩下论资排辈一条路能够进入三馆了，可基本上也年老多病了。所以说，进贤之路越来越窄。要改变这种状况，必须广开才路。

（七）公开坦诚论朋党

1. 什么是朋党和朋党之争

朋党，从字面上讲就是朋友、党派。俗话说就是“小圈子”。如果是老百姓，谁与谁是朋党关系不大。但是，如果是朝廷官员呢？就容易出问题。在中国历史上，从汉朝开始，就有了朋党之争。经过唐朝到了宋朝，更加厉害。本来就害怕总是有人窥伺政权的大宋皇帝，心里更是害怕大臣们联合起来，干出对朝廷不利的事，所以听到朋党二字，皇帝心里就犯嘀咕，惴惴不安。

既然有了朋党，那么碰到问题，就难免各执一端、相互争吵。此之谓朋党之争。在宋朝，有所谓新旧党之争、新党内讧、旧党倾轧等。其中是非，很难分辨。有历史研究者认为："无智愚贤不肖，皆自投于蜩螗沸羹之中。一言以蔽之，曰士大夫以意气相竞而已。"（王桐龄《中国历代党争史》）

2. 欧阳修的朋党论

庆历新政失败后，欧阳修被诬为"党人"，遭到贬斥。为此，他专门写了一篇文章，阐述自己对所谓"党人"的看法。在欧阳修看来，朋党的存在是客观的。只不过有"真朋"与"伪朋"之分罢了。真朋保守的是道义，实行的是忠信，爱惜的是名节；伪朋图的是财货，为的是升官，利益相同时结为朋党，利益冲突时互相残杀。对于朋党，不能一概排斥，而应该退小人之伪朋，用君子之真朋。这样就可以达到天下大治了。

（八）三起三落永不悔

欧阳修对于自己的坚守，永远笃信。为了替人伸张正义，他不怕被人诬告，不怕降级使用，不怕打击报复，不怕杀头。他的第一次被贬，是被发配到偏僻小邑夷陵（今三峡）。后来又再遭贬斥，曾三起三落。

可贵的是，他并不因此消极厌世，而是抓紧难得的清闲时间，发愤治学，写作《新五代史》。在《戏答元珍》中，他以乐观风趣的笔触写道："春风疑不到天涯，二月山城未见花。残雪压枝犹有橘，冻雷惊笋欲抽芽。夜闻归雁生乡思，病入新年感物华。曾是洛阳花下客，野芳虽晚不须嗟。"

1. 为支持改革不怕得罪权势

宋仁宗是一个励精图治的皇帝，他支持杜衍、范仲淹的改革。范仲淹呈给宋仁宗一幅《百官图》，将执掌朝政的宰相吕夷简操纵官员升迁的老底揭开。但是，这也触及宗室、贵戚的利益，代表保守利益的大臣章得象、陈执中、贾昌朝给改革者戴上"朋党"的帽子，先后有四个大臣被赶出朝廷。范仲淹也被贬饶州。

仁宗景祐三年（1036 年）欧阳修第一次上书批评担任谏官的高若讷屈从权势、不尽职责，并且大力为范仲淹辩护，结果被贬为夷陵县令。

景祐四年（1037 年）12 月，范仲淹调任润州，欧阳修调任光化县，都是离汴京近点的地方。

2. 再次蒙羞出知滁州

庆历五年（1045 年），欧阳修因为"张甥案"（被人诬告与外甥女张氏通奸）落龙图阁直学士，罢河北转运使，以知制诰出知滁州。这是欧阳修人生路上遭受的一次沉重打击。他虽然无奈，但决不颓废，而是将部分精力放到金石研究与文章写作上。年方四十的欧阳修以老翁、醉翁自居，写出了千古流传的《醉翁亭记》。文章写成之后，“天下莫不传诵，家至户到，当时为之纸贵”。

在滁州，由于他身处逆境，对被社会压抑深有体会，因此通过为梅尧臣写序提出了“诗穷而后工”的诗歌创作观点。这对后世的诗歌创作理论，也影响巨大。

1054年，朝廷恢复了欧阳修原来的官职。

3. 欧阳修抨击“小人”

欧阳修性情耿直，疾恶如仇。这就难免得罪人。他一生中两次遭受大的诽谤，并因此贬官外放。在《论朋党》中，他认为“君子与君子以同道为朋，小人与小人以同利为朋”，指出了为了个人私利勾结起来诽谤诬陷他人的小人本质。

中国历史上，最早论述“小人”的是孔子。后来不少政治家、思想家也有论述。汉代刘向的论述很到位，他说：“君子居人间则治，小人居人间则乱。君子欲和人，辟犹水火不相能燃也，而鼎在其间，水火不乱，乃和百味。是以君子不可不慎择人在其间。”君子与小人共处是一种长期的社会存在，难以消除。君子处世的重要准则是远小人、近君子，这是诸葛亮的教导。

4. 欧阳修在中国文学史上的地位

欧阳修名列唐宋文章八大家，不是没有原因的。欧阳修早年就接触过韩愈的古文，钦羡不已。只是因为当时社会崇尚辞藻华丽的四六时文，他也不得不跟着照写。待到及第，“遂弃不复作”。他在北宋文坛燃起一把古文革新的烈火，去除旧弊，树立新风，终成光耀百代的杰出大文豪。

十四、司马光的人才思想

（一）司马光其人

司马光字君实，号迂叟，是我国北宋时期的一位著名政治家、历史学家。出生于陕州夏县（今山西夏县），公元1019—1086年在世。

司马光从20岁进入官场后，逐级上升，直至做到宰相。他是一个有原则、有追求的学者型政治家，主张德治与教化。在反对王安石新法的斗争中，他大力倡导民本意识，主张在法制、政风、用人、决策、赏罚、经权诸方面，都要更为人性，更为温和，更有利于人的自我完善。

（二）司马光的《资治通鉴》

司马光认为，领导国家的君主必须重视历史的经验。如果不了解历史，治理国家就不知道从哪里入手，也不知道如何防止动乱，保持政权的稳定。同样，大臣如若不学习历史，也不能正确对待国家、正确对待民众。基于这样的认识，他领导一批助手，编写了一部《资治通鉴》，意思是说，通过阅读这本书，可以帮助你以史为鉴，把国家治理好，使政权长治久安。

《资治通鉴》全书共分294卷，300多万字。该书是我国一部重要的历史文献，为历来统治者、领导者所重视。毛泽东曾经对其进行过认真研读。《资治通鉴》留给我们的，有不少关于人才和人才问题的至理名言，至今仍然闪耀着历史唯物主义的思想光辉。

写作《资治通鉴》，光草稿就整整占了两个房间。司马光日夜辛劳，做到字字工整。他不知疲倦，忘却休息。人们统计，如果按照常人的工作速度，需要200年才能把这项巨大的写作工程进行完毕。

司马光与《资治通鉴》一样，将永垂不朽！

（三）司马光的德才论

司马光在中国历史上，是第一个将德与才分开论述的人。他在《资治通鉴》卷一中说：

“智伯之亡也，才胜德也。夫才与德异，而世俗莫之能辩，通谓之贤，此其所以失人也。夫聪察强毅之谓才，正直中和之谓德。才者，德之资也，德者，才之帅也。云梦之竹，天下之劲也，然而不矫揉，不羽括，则不能以入坚；棠溪之金，天下之利也，然而不熔范，不砥砺，则不能以击强。是故才德全尽谓之圣人，才德兼亡谓之愚人，德胜才谓之君子，才胜德谓之小人。凡取人之术，苟不得圣人、君子而与之，与其得小人，不若得愚人。

何则？君子挟才以为善，小人挟才以为恶。挟才以为善者，善无不至矣；挟才以为恶者，恶亦无不至矣。愚者虽欲为不善，智不能周，力不能胜，譬之乳狗搏人，人得而制之。小人智足以遂其奸，勇足以决其暴，是虎而翼者也，其为害岂不多哉！夫德者人之所严，而才者人之所爱。爱者易亲，严者易疏，是以察者多弊于才而遗于德。自古昔以来，国之乱臣，家之败子，才有余而德不足，以至于颠覆者，多矣！岂特智伯哉？”

（四）司马光论“治心方可考人”

司马光在《资治通鉴》卷七十三说：

“为治之要，莫先于用人。而知人之道，圣贤所难也。是故求之于毁誉，则爱憎竞进，而善恶混淆；考之于功状，则巧诈横生而真伪相冒。要之，其本在至公至明而已矣。为人上者至公至明，则群下之能否焯然形于目中，无所复逃矣。苟为不公不明，则考课之法，适足以为曲私欺罔之资也。何以言之？公明者，心也；功状者，迹也。己之心不能治，而以考人之迹，不亦难乎？”

案例

大将廉颇被考核的故事

《资治通鉴》卷六记载着这样一件事：

战国时，赵国为秦国所困。赵王欲启用廉颇，于是派使者前去察看廉颇的健康状况。这使者接受了廉颇仇人郭开的重金贿赂，但廉颇不知。廉颇见到使者后，有意表现出自己仍然健康，就一顿饭吃了一斗米、十斤肉，并披甲上马，显示一番。使者回去后向赵王汇报说："廉将军虽老，尚善饭；然与卿坐，顷之，三遗矢矣。"

（五）司马光的看法：直觉知人，并非虚诳

在《资治通鉴》中，司马光多次讲到直觉可以知人的例证。

例如，卷一百八十三中记载，李渊起兵之前，"文静见李世民而异之，深自结纳，谓寂曰：此非常之人，豁达类汉高，神武同魏祖，年虽少，命世才也"。

再如，卷一百七十九中记载，吏部侍郎高孝基名知人。见玄龄，叹曰："仆阅人多矣，未见如此郎者，异日

必为伟器，恨不见其大成也耳。”日后，房玄龄果然成为杰出人物。

怎么理解这种现象？人的思维并非总是以理性形式出现。经验能够下沉到潜意识中转化为直觉。弹钢琴就是这样。不看谱子，反而更好。

马克思说过：“理性永远存在，但它并不是永远存在于理性形式之中。”

（六）司马光主张“劳于选，逸于任”

司马光主张，选人要不避辛劳，但是在用人上则应处于一种超脱状态。这样，才能放手让部下办成大事。在《资治通鉴》卷八十二中说：“天下至大，万事至众，人君至少，同于天日，是以圣王之化，执要于己，委务于下，非惮劳而好逸，诚以政体宜然也。”

卷二百三十七中说：“昔秦始皇以衡石程书，魏明帝自按行尚书事，隋文帝卫兵传餐，皆无补于当时，取讥于后来，其耳目形神非不勤且劳也，所务非其道也。”

这么做的弊端是“君劳臣逸”，难行赏罚，压抑了下面的积极性。

“代庖人宰而为大匠斫”（《资治通鉴》卷一百四十），影响政府机构的正常运转。

案例

陛下宜还

三国时期，魏明帝曹叡尝卒至尚书门。陈矫跪问帝曰："陛下欲何之？"帝曰："欲案行文书耳。"矫曰："此自臣职分，非陛下所宜临也。若臣不称其职，则请就黜退，陛下宜还。"帝惭，回车而返。(《资治通鉴》卷七十二)

（七）司马光反对"用非其才"

在《资治通鉴》中，司马光通过史实的论述，表明了自己反对用非其才的立场。

如，汉武帝以文学选士，被选拔上来的有司马相如、东方朔等人。这些人虽然能笔走龙蛇，但并不善治世。"虽数赏赐，终不任以事也。"在司马光看来，如果让他们当了大官那就把人用错了。

后唐主李煜爱好文学，所以当时不少文学之士"皆至美官"。这种用人方法其实是错误的。《资治通鉴》记录了武则天与唐高宗时期的两位大臣的看法。薛谦光说："选举之法，宜得实才……至于才应经邦，惟令试策；武能制敌，只验弯弧。"(《资治通鉴》卷二百零五）刘晓说："礼部取士，专用文章为甲乙……虽日诵万言，何关理体？文成七步，未足化人，况尽心卉木之间，极笔烟霞之际，以斯成俗，岂非大谬！"（《资治通鉴》卷二百零二）

（八）司马光反对"资格论"

由于强调资格，历史上很多贤人被埋没于世。北宋孙洙写有《资格论》说："今贤才伏于下者，资格阂之也；职业之废于宫者，资格牵之也；士之寡廉鲜耻者，争于资格也；万事之所以抗弊，百吏之所以废弛，法制之所以颓烂决溃而不之救者，皆资格之失也。"

西汉时期的左雄曾上书顺帝大谈年龄资格。"孔子曰四十不惑，《礼》称强仁。请自今，孝廉不满四十，不得察举。"

北魏时期，殿中尚书崔亮为吏部尚书。亮奏为格制，不问士之贤愚，专以停解日月为断，沉滞者皆称其能。司马光评论说："魏之选举失人，自亮始也。"这个亮，指的就是崔亮。（《资治通鉴》卷一百四十九）

（九）司马光反对"职以酬功"

唐太宗时大将侯君集两破敌国，立下汗马功劳。他提出要当宰相。唐太宗对他说："君集才器，亦何施不可，朕岂惜重位，但次第未至耳。"由此可见太宗的英明。

相反，唐玄宗将宰相之位授给了战功卓著但治国能力短缺的张守珪。张九龄进谏说："宰相者，代天理物，非赏功之官也。"

讨论

职以酬功，还是职以授能？

（十）司马光反对"用人唯亲"

在《资治通鉴》卷三十九中，司马光讲了一个故事。西汉更始帝纳赵萌女为夫人，委政于赵萌。赵萌滥擢身边人，"以至群小、膳夫皆滥授官爵。长安为之语曰：灶下养，中郎将；烂羊胃，骑都尉；烂羊头，关内侯"。

《资治通鉴》卷一百七十九中，司马光讲到隋炀帝时，杨素专权，"杨素弟约及从父文思、文纪、族父忌并为尚书、列卿，诸子无汗马之劳，位至柱国、刺史……有附会及亲戚，虽无才用，必加进擢"。

（十一）司马光反对"打招呼"违规操作

在用人方面，司马光反对"打招呼"违规操作，认为这是不可纵容的。

《资治通鉴》卷二百零六中讲到，武则天执政时，张宗昌受宠。他有个弟弟叫张昌仪，当上了洛阳令。凡是他提出要提拔的人，无人敢违背。有一次，一位姓薛的人用 50 两黄金贿赂了他，张昌仪就给吏部侍郎张锡打招呼，并把那个姓薛的人的面貌讲给张锡听。几天后，张锡把那人的样子忘记了，又去问张昌仪。张昌仪破口大骂说："办不了事的家伙！我也不记得了，你就把姓薛的录取了吧！"

结果，姓薛的 60 多个，全部录用。

（十二）司马光严厉批评嫉才者

司马光爱惜人才，对嫉妒人才的人持严厉的批评态度。他大力表彰刘邦夸奖部下的作风，同时对忌才的隋炀帝展开批评。在《资治通鉴》卷一百八十二中，他写到隋炀帝骄傲自大，说："天下皆谓朕承借绪余而有四海，设令朕与士大夫高选，亦当为天子矣！"诗人薛道衡有诗句"空梁燕落泥"，薛道衡死，隋炀帝说："更能作'空梁燕落泥'否？"王胄写有名句"庭草无人随意绿"，王胄死，隋炀帝说："复能作此语耶？"

（十三）司马光主张“举之以众，取之以公”

这一点最接近制度建设。

历史上有一个“苏东坡（苏轼）之问”：“任人而不任法，则法简而人重；任法而不任人，则法繁而人轻。法简而人重，其弊也，请谒公行而威势下移；法繁而人轻，其弊也，人得苟免，而贤不肖均，此古今之通患也。夫欲人法并用，轻重相持，当安所折中？”（苏轼《私试策问·人与法并用》）

司马光提出的办法是：“举之以众，取之以公。众曰贤矣，己虽不知其详，姑用之，待其无功，然后退之，有功则进之；所举得其人则赏之，非其人则罚之。进退赏罚，皆众人所共然也，己不置毫发之私于其间。”（见《资治通鉴》卷二百二十五）这样既避免人情干扰，又避免规则束缚。

（十四）司马光论“无用即有用”

唐朝玄宗年间有位宰相叫姚崇，才能杰出。同时，有位副宰相叫卢怀慎。每逢大事，卢怀慎就推给姚崇拿主意，自己就是陪姚崇吃饭。于是得一绰号“伴食宰相”。

司马光认为，卢怀慎是一个有气度、有水平、有容量的官员。符合“正直中和”的标准。“崇，唐之贤相，怀慎与之同心戮力，以济明皇太平之政，夫何罪哉？”“夫不肖用事，为其僚者，爱身保禄而从之，不顾国家之安危，是诚罪人也。贤智用事，为其僚者，愚惑以乱其政，专固以分其权，媢嫉以毁其功，愎戾以窃其名，是亦罪人也。”（《资治通鉴》卷二百一十一）

十五、龚自珍的人才思想

（一）龚自珍其人

龚自珍，字尔玉，号定庵，浙江仁和（今杭州）人。晚清著名思想家、文学家，公元1792—1841年在世。

在他生活的年代里，正是鸦片战争前夜，中国处在历史的转折关头，封建王朝衰败腐朽，风雨飘摇，而世界列强用坚船利炮对准中国，要把中国变成其殖民地。处在这样一个危机时刻，龚自珍以强烈的爱国热情、嫉恶如仇的思想，大声疾呼，不满死气沉沉的社会现状，写出了“我劝天公重抖擞，不拘一格降人才”的名句。龚自珍与当时进步人物林则徐、魏源等交往密切，思维超前，志存改革，为康有为变法图强开了先声。

梁启超曾评论说：“晚清思想解放，自珍确与有功焉；光绪年间，所谓新学家者，大率人人皆经过崇拜龚氏之一时期，初读《定庵文集》，若受电然。”柳亚子誉之为“三百年来第一流”。

龚自珍一生始终是一个七品小京官。48岁愤然辞官还乡，不久突然去世。

（二）龚自珍论才能来源

龚自珍在诗词中表露出对才能来源的认识。他认为才能与“上帝”无关，来自于时间和磨砺。

“镰锷非关上帝才，百年淬厉电光开。

先生宦后雄谈减，悄向龙泉祝一回。”（《己亥杂诗·镰锷非关上帝才》）

又忏心一首：

“佛言劫火遇皆销，何物千年怒若潮。

经济文章磨白昼，幽光狂慧复中宵。

来何汹涌须挥剑，去尚缠绵可付箫。

心药心灵总心病，寓言决欲就灯烧。”（1820年作。狂慧，《观音经玄义》上说：“若慧而无定者，此慧名狂慧。”）

龚自珍自少年跟随外祖父段玉裁学习《说文解字》，训诂学造诣很深。

（三）龚自珍的“由才知世”思想

龚自珍认为：“一代之治，必有一代人才任之。”他还认为，“世有三等，三等之世皆观其才。”三等之世是：治世、乱世、衰世。而且都可以通过人才的状况来做出判断。在他看来，当时处于衰世。(《乙丙之际箸议第九》)

标志就是：“左无才相，右无才史，阃无才将，庠序无才士，陇无才民，廛无才工，衢无才商，抑巷无才偷，市无才驵，薮泽无才盗。”那么，人才如此匮乏的原因何在呢？

谁肯栽培木一章，
黄泥亭子白茅堂。
新蒲新柳三年大，
便与儿孙作屋梁。(《己亥杂诗》)

这是龚自珍无奈的感叹。

（四）龚自珍对奴性用人体制的批判

龚自珍认为，症结就在清朝的官吏制度上。无论汉满，论资排辈的用人制度严重地制约着人才成长。君视臣为奴仆，臣自视为牛马，鞭之则行。无德无才之辈发现才士才民，往往“督之缚之，以至于戮之”。其次是严密控制，降级、降薪、开除为“三大法宝”。在这种状况下，龚自珍自感势单力薄，难以与这堵“死墙”对抗，只好奋笔疾书：“九州风气恃风雷，万马齐喑究可哀。我劝天公重抖擞，不拘一格降人才。”

（五）龚自珍对“病态人才观”的批判

由于社会上人才遭到“束之”“戮之”的摧残，很多人才对社会失去希望，往往也“以曲为美，直则无姿”，扭曲自己。龚自珍将他们比作病态化了的梅花，要为它们治疗疾病，使之顺天性，展芳姿。

他写下的一篇《病梅馆记》，可以看作是他对所处黑暗社会的有力声讨。文章说，梅花生长原本正常，但人们却“斫其正，养其旁条，删其密，夭其稚枝，锄其直，遏其生气，以求重价”。他购置了三百盆梅花，都是病态的。于是，他哭泣三日，决心为之治病。为了顺其天性，他毁其盆，悉埋于地，令其舒枝展叶，决心救梅花于水火。

（六）龚自珍对人才不得其位的批判

题盆中兰花四首（其一）

忆昨幽居绝壁下，漠漠春山罕樵者。
薜荔常为苦竹衣，鸩鹋误傲鼯鼯舍。
天荣此魄不用媒，可怜位置费君才。
珍重不从今日始，出山时节千徘徊。

病梅馆记

江宁之龙蟠，苏州之邓尉，杭州之西溪，皆产梅。或曰："梅以曲为美，直则无姿；以欹为美，正则无景；以疏为美，密则无态。"固也。此文人画士，心知其意，未可明诏大号以绳天下之梅也；又不可以使天下之民斫直，删密，锄正，以夭梅、病梅为业以求钱也。梅之欹之疏之曲，又非蠢蠢求钱之民能以其智力为也。有以文人画士孤癖之隐明告鬻（卖）梅者，斫其正，养其旁条，删其密，夭其稚枝，锄其直，遏其生气，以求重价，而江浙之梅皆病。文人画士之祸之烈至此哉！

予购三百盆，皆病者，无一完者，既泣之三日，乃誓疗之：纵之顺之，毁其盆，悉埋于地，解其棕缚；以五年为期，必复之全之。予本非文人画士，甘受诟厉，辟病梅之馆以贮之。

呜呼！安得使予多暇日，又多闲田，以广贮江宁、杭州、苏州之病梅，穷予生之光阴以疗梅也哉！

（七）龚自珍对改革用人制度的呼唤

在龚自珍24岁的时候，到吏部少宰也就是吏部侍郎王鼎家做客。王鼎字定九，官至东阁大学士，军机大臣，为官清廉正直，受皇帝赏识。王鼎命龚自珍赋诗一首，于是一篇期望改革陈腐用人制度的诗篇便出于龚自珍笔下：《饮少宰王定九丈（鼎）宅，少宰命赋诗》。其中讲道：

迩来士气少凌替，毋乃大官表师空趋跄！委蛇貌托养元气，所惜内少肝与肠。杀人何必尽砒附，庸医至矣精消亡。公其整顿焕精彩，勿徒须鬓矜斑苍。

龚自珍指出用人的弊端：昏庸当政、扼杀思想、官员老化、正气消亡。可以参看他的另一首《马》诗：

八极曾陪穆满游，白云往事使人愁。最怜汗血名成后，老踞残刍立仗头。

又如《新唐书·李林甫传》中所说：“君等独不见立仗马乎！终日无声，而饫（吃饱意）三品刍豆，一鸣，则黜之矣。”

（八）龚自珍对社会人才凋残的哀叹

夜坐二首

（一）

春夜伤心坐画屏，不如放眼入青冥。

一山突起丘陵妒，万籁无言帝坐灵。

塞上似腾奇女气，江东久殒少微星。
平生不蓄湘累问，唤出姮娥诗与听。

（二）

沉沉心事北南东，一睨人材海内空。
壮岁始参周史席，髫年惜堕晋贤风。
功高拜将成仙外，才尽回肠荡气中。
万一禅关砉然破，美人如玉剑如虹。

（九）龚自珍对庸官的讥讽

奴史问答（其十）

仙家鸡犬近来肥，不向淮王旧宅飞。
却踞金床作人语，背人高坐著天衣。

人草藁

陶师师娲皇，抟土戏为人。或则头帖帖，或者头颟颟。丹黄粉墨之，衣裳百千身。因念造物者，岂无属稿辰？兹大伪未具，娲也知艰辛。磅礴匠心半，斑斓土花春。剧场不见收，我固怜其真。谥曰人草藁，礼之用上宾。

（十）龚自珍对文字狱迫害人才的批判

咏史

金粉东南十五州，万重恩怨属名流。
牢盆狎客操全算，团扇才人踞上游。
避席畏闻文字狱，著书都为稻粱谋。
田横五百人安在，难道归来尽列侯？

资料

中国古代的文字狱

封建社会统治者迫害知识分子的一种冤狱。皇帝和他周围的人故意从作者诗文中摘取字句，罗织罪名，杀害作者及其家人、族人。最早受到迫害的是汉朝司马迁，此后有苏轼、顾炎武等人。中国历代都有文字狱，清朝为最（顺治 7 次，康熙 12 次，雍正 17 次，乾隆 130 次）。

雍正八年（1730 年），翰林院庶吉士徐骏在奏章里将“陛下”的“陛”写成了“狴”，被革职。又从诗集中查出有“清风不识字，何故乱翻书”，“明月有情还顾我，清风无意不留人”。被斩立决。查嗣庭去江西做考试官，出考题为《维民所止》，源于诗经“邦畿千里，维民所止”。被雍正认为是砍了他的头。结果查嗣庭与儿子死狱中，族人遭流放，浙江全省士人六年不准参加举人、进士考试。

（十一）龚自珍对狂者精神的赞许

龚自珍写的《己亥杂诗·颓波难挽挽颓心》一诗说：

颓波难挽挽颓心，壮岁曾为九牧箴。
钟簴苍凉行色晚，狂言重起廿年喑。

（钟簴：宫殿钟鼓乐器，指北京。簴读jù）

其在致王芑孙的书信里还说：“今人误指中行为狂狷”。

“我欲收狂渐向禅”（《驿鼓三首》）。

庄子有言：“百姓猖狂不知所如往”。这里的猖狂是“率性而为”之意。

龚自珍写下的有关“狂”的诗句

别有狂言谢时望（己亥杂诗）；

洗尽狂名消尽想（杂诗，己卯自春徂夏，在京师作，得十有四首）；

负尽狂名十五年（漫感）；

收拾狂名须趁早（金缕曲·忿亍生）；

任东华人笑，大隐狂名（凤凰台上忆吹箫·白昼高眠）；

笑有限狂名，忏来易尽（齐天乐·相逢怕觅闲文字）；

十载狂名扫除毕（同年生徐编修宝善斋中夜集……）；

谁信寻春此狂客（过扬州）；

乾隆狂客发此议（投包慎伯世臣）；

时流不沮狂生议（己亥杂诗）；

九泉肯受狂生誉（己亥杂诗）；

原是狂生漫题赠（己亥杂诗）；

嫁得狂奴孽已成（驿鼓三首）；

我喜攻人短，君当宥狂直（题王子梅盗诗图）；

作了槛花笼鹤，怎笑狂如许（好事近·三界最销魂）。

思考

“狂”与人才的关系

唐代李白：“我本楚狂人”。

诗人贺知章自称“四明狂客”。

明代思想家李贽认为：“由狂入道”。

王阳明认为：“狂可入圣”。

怎么理解狂的价值？

（十二）龚自珍论人才的社会埋没与自我埋没

龚自珍在《京华乐籍说》中说：

士也者，又四民之聪明喜论议者也。身心闲暇，保暖无为，则留心古今而好论议。留心古今而好论议，则于祖宗之立法，人主之举动措置，一代之所以为号令者俱大不便。凡帝王所居曰京师，以其人民众多，非一类一族也。是故募招女子千余户入乐籍。乐籍既棋布于京师，其中必有资质端丽，桀黠辨慧者出焉。目挑心招，捭阖以为术焉，则可以钳塞天下之游士。乌在其可以钳塞也？曰：使之耗其资财，则谋一身且不暇，无谋人国之心矣！使之耗其日力，则无暇日以谈二帝三王之书，又不读史而不知古今矣！使之缠绵歌泣于床笫之间，耗其壮年之雄才伟略，则思乱之志息，而议论图度，上指天下画地之态益息矣；使之春晨秋夜为奁体词赋、游戏不急之言，以耗其才华，则论议军国、臧否政事之文章可以毋作矣。

十六、曾国藩的人才思想

（一）曾国藩其人

曾国藩，字伯涵，号涤生。湖南长沙湘乡市人，公元1811—1872年在世。享年61岁。

曾国藩16岁中秀才，27岁中进士，系统接受儒家思想教育，仕途通畅，十年连升十级，37岁官至二品。他是清政府放手使用的第一个汉人。历任两江总督、太子太保、直隶总督。曾国藩对太平天国、捻军作战，履历复杂，但受到李鸿章、袁世凯、蒋介石、毛泽东的一致推崇，被称为“一代圣贤”。他的代表作有《曾文正公全集》,《冰鉴》为其识人用人专著（也有人认为后者不是他的著述）。对人才问题的阐述独特而又系统，包括转移人才之道、考核人才之法、培养人才之方、任用人才之方、访求人才之道、待遇人才之法等见解。

（二）曾国藩反对“天下无才”的错误观点

曾国藩在《原才》一文中说，“今之君子之在势者，辄曰：‘天下无才’，彼自尸于高明之地，不克以己之所向，转移习俗，而陶铸一世之人，而反谢曰：‘无才’。谓之不诬，可乎？否也。十室之邑，有好义之士，其智足以移十人者，必能拔十人中之尤者而材之；其智足以移百人者，必能拔百人中之尤者而材之。然则转移习俗而陶铸一世之人，非特高明之地者然也”。

曾国藩在这里强调的是树立人才榜样的作用，用榜样来改造和影响社会。

天下无现成之人才，亦无生知之卓识，大抵皆由勉强磨炼而出耳。《淮南子》曰：“功可强成，名可强立。”董子（董仲舒）曰：“强勉学问，则闻见博；强勉行道，则德日进。”“……勉之又勉，则识可渐通，才亦渐立。才足以济世，何患世莫己知哉？”

（三）曾国藩论德才关系

曾国藩在《曾文正杂著·读书录卷四》中说：“德者才之帅，才者德之美。”他还说，“德”是水之“源”，“才”是水之“波”；“德”是木之“根”，“才”是木之“枝”。

"德"须才辅,"才"须德主。

当然,曾国藩讲的"德",肯定是封建主义的道德。这是毫无疑问的。

(四)曾国藩论人才应随器任用

在一篇读书笔记中,曾国藩写有"英才"一则。他说:"虽有良药,苟不当于病,不逮下品;虽有贤才,苟不适于用,不逮庸流。梁丽可以冲城,而不可以窒穴,犛牛不可以逮鼠,骐骥不可以守闾。千金之剑,以之析薪,则不如斧,三代之鼎,以之垦田,则不如耜。当其时,当其事,则凡材者亦奏神奇之效,否则铻铻而终无所成。故世不患无才,患用才者不能器使而适用也。"

曾国藩将"用材不当"比喻为栋梁之材用于地道,雄壮牦牛捕捉老鼠,千里马死守胡同,锋利宝剑劈砍木柴,生动且深刻。

曾国藩荐胡林翼,用左宗棠

曾国藩看到翰林出身的胡林翼,就给朝廷写报告说:"胡林翼之才,胜臣十倍。"而且在保举人才时,都要加上一句:如果这个人不能胜任的话,出了什么事,请朝廷撤我的职，我用我的名声来担保。

左宗棠脾气不好，曾经用脚踢朝廷命官，咸丰帝要杀他。曾国藩力保，说培养一个人才不容易，请皇帝刀下留人。后来，左宗棠忘记旧恩，骂曾国藩，闹得不可开交。曾国藩不计前嫌，支持左宗棠在新疆打仗。曾国藩死后，左宗棠送挽联："知人之明，谋国之忠，自愧不如元辅；同心若金，攻错若石，相期无负平生。"

（五）曾国藩论人才转移之道

曾国藩讲的人才转移，实际上是讲转变干部作风。当时的皇帝对人才束缚太严，以至于"人才循循规矩准绳之中"，有守者多，有猷、有为者少。退缩、萎缩、敷衍、颟顸的官员到处都是。为转变作风，曾国藩建议"欲使有用之才不出范围之中，莫若使之从事于学术"，"然欲人皆知好学，又必自我皇上以身作则，乃能操转移风化之本"。通过召见群臣，从容论难，有才者鼓励，无才者教育，"十年以后，人才必大有起色"。

转变风气，从领导做起，加强检查，必有实效。

曾国藩还认为，人才愈求则愈出，不求则不得。他自己就注重搜罗各类人才，以备急用。他在日记中写道："得人不外四事：广收，慎用，勤教，严绳。"

（六）曾国藩论人才培养之方

曾国藩认为，所谓培养人才，无外于教诲、甄别、保举、超擢。但是，皇帝并不能直接见到那些供职于内阁、六部、翰林院的众多人才。那些人才，往往十年“不得一差，不迁一秩”，怎么办？方法就是，让那些机关的领导，要有机会接触青年才俊，“日日到署，以与司员相砥砺”，皇上要经常询问大臣哪些人是可造之才？发现之后，就大胆提拔，这样“草木之精神皆振”，人也就成长起来了。

曾国藩的后人总结其培育人才之方时说，可以归纳为四条：

（1）勤口。也就是多讲话。不厌其详。

（2）召见。多见多问，“属官优劣粲呈”。

（3）写信。如无时间见面，则要写信。

（4）树模。树立学习榜样。

（七）曾国藩论人才集聚之方

曾国藩的“蚨雉论”：

曾国藩在与友人书中说：有一种“得一而可得其余”的现象。其实就是人才群落现象。人才相聚“又如蚨之有母，雉之有媒，以类相求，以气相引，庶几得其一，而可得其余”。

《搜神记》：“（南方有虫）名青蚨……生子必依草叶，大如蚕子，取其子，母即飞来，不以远近。虽潜取其子，母必知处……以母血涂钱八十一文，以子血涂钱八十一文，每市物，或先用母钱，或先用子钱，皆复飞归，轮转无已。”

“雉之有媒”，是说，驯养家雉，可招致野雉来投。

（八）曾国藩论人才使用之方

曾国藩认为用人要不拘一格，更不能求全责备。他说：“衡才不拘一格，论事不求苟细：无因寸朽而弃连抱，无施数罟以失巨鳞”。他对于古人论将，几于百长并集，一短难容，表示深切的怀疑。

曾国藩深知塔齐布、罗泽南忠勇，便叫他们去打先锋，知道左宗棠、李鸿章有独当一面之才，便让他们去平浙江、平江苏。

（九）曾国藩论人才考察之法

曾国藩认为，所谓考察人才古时就包括“询问事情，考核言论”，二者是并重的。但是，官员在当地办事的谋略不易看出，言论考核却是容易的。现在，各省道员不准奏折谢恩，只准奏折议事，那就借奏折作为一种考核工具，从他们的奏折中发现优劣，相互参证。这种考核方法再加上召见应对、三年京察，就很不错了。

延伸阅读

论察吏必慎于听言

在《冰鉴心语》中，曾国藩提出："为治首务爱民，爱民必先察吏，察吏要在知人，知人必慎于听言。"那么，听言的要紧处是什么呢？他认为，就是孟子讲的"仁术"。"术"字最有道理。道理在哪里？在"爱而知其恶，恶而知其美"，"蹈道则为君子，违之则为小人"，"观人当就行事上勘察，不在虚声与言论；当以精己识为先，访人言为后"。

做到这一点不易。我们常常是"先入为主"，爱而美之，恶而厌之。

（十）曾国藩论人才为官应阴阳平衡

曾国藩关于人才应阴阳平衡的思想体现在《冰鉴·刚柔鉴》中。曾国藩早年刚猛过人，得罪不少权贵，因此受到排挤。后来学习黄老之说，不刚不柔，达到境界。

他认为，人不可无刚，无刚不自立；人不可无柔，无柔不亲和。真正的刚是强矫，真正的柔是谦让。关于做官的阴阳之术，可以参看刘向的《说苑·臣术》。刘向把大臣分为十二大类。从中可以看出刚柔是什么。十二大类，又分两大类，每类六种。

海瑞的阳刚

海瑞，平生治学以阳刚为主，自号刚峰。明世宗在位，不理朝政，海瑞直言上疏骂他“天下人皆认为陛下不称职”。世宗欲杀之，他早就买了一口棺材，等待问罪。后被关入狱中，昼夜拷打。世宗死，海瑞官复原职。隆庆三年（1569 年），升都察院右副都御史，总理粮储提督军务，治在苏州。所属官吏都害怕他，招至怨恨。后称病辞官归乡。万历初年，张居正没有启用之。

（十一）关于《冰鉴》的相人之说

曾国藩在《冰鉴》中，发表了他自己多年的相人经验。全书共分八卷，卷一神骨鉴，卷二刚柔鉴，卷三容貌鉴，卷四情态鉴，卷五须眉鉴，卷六声音鉴，卷七气色鉴，卷八冰鉴心语。对这些文献资料，到底怎么看，世人认识不一，今人不妨参看研讨。

曾国藩在世时，李秀成在其“自述”中就说：“天国的失败是天王不识贤臣，而曾国藩的成功是因为他善识人才。”

曾国藩的相人术

李鸿章带来三个人让曾国藩任命差遣。此时，曾国藩在散步，让三人等候。散步之后，李鸿章请曾国藩接见三人，曾国藩说不必了。

曾国藩说，三人我已看过。第一人低头不敢仰视，是忠厚之人，可以给他一份保守的工作。第二人在我眼前很是恭维，我一转身就东张西望，阳奉阴违，不可任用。第三人神色淡定，不卑不亢，日后功名不在你我之下。

这第三人就是日后的台湾首任巡抚刘铭传。

十七、蔡元培的人才思想

（一）蔡元培其人

蔡元培，浙江绍兴山阴人，字鹤卿，又字仲申、民友、孑民。他是一位杰出的民主主义革命家、教育家。1868—1940年在世。1882年参加前清殿试中进士，点翰林。曾任民国时期的教育总长、北京大学校长、中法大学校长、中央研究院院长等职。

蔡元培青年时代留学欧洲，1912年，南京临时政府成立，任教育总长。1917年始任北大校长，中间变故多多。1930年辞去北大校长。在北大期间，对改革旧教育、创立新教育贡献巨大。他的人才思想与实践也得到充分的展现。

蔡元培去世后，当时教育部与北大的诔词说："当中西文化交接之际，先生应运而生，集中西文化于一身；其量足以容之！其德足以化之！其学足以当之！其才足以择之！呜呼！此先生所以成一代大师欤！"毛泽东的唁电说：“学界泰斗，人世楷模。”

梁漱溟对蔡元培一生的评价是：“蔡先生的了不起，首先是他能认识人，使用人，维护人。用人得当，各尽其才，使每个人都能发出自己的热和光，这力量可就大了。”这是我国著名学者从人才学角度对蔡元培的最好评价。

（二）蔡元培主张大学“思想自由，兼容并包”

蔡元培说：“大学之大，因其无所不包，各种言论思想均可自由，但也不必互相诟骂。如各有主张，尽可各自鼓吹自己主张之长处，不必攻击或排斥他种主张。”又说：“大学者，囊括大典，网罗众家之学府也。”

在北大，他延聘选拔具有真才实学的各方面人才，容纳各种学术和思想流派，使北大的教员队伍发生重大变化。以1918年为例，全校共有教授90人，其中35岁以下的43人，50岁以上的6人，最年轻的教授徐宝璜25岁，胡适、刘半农分别27岁、28岁，教授平均年龄30多岁。而当时北大本科生平均24岁。

北大教授，有主张新文化运动的胡适、陈独秀、鲁迅；有主张尊王复辟的辜鸿铭、刘师培；有主张共产主义的李大钊，有主张无政府主义的李石曾；有最早介绍爱因斯坦相对论的夏元瑮，有著名画家徐悲鸿。1920年，北大马克思主义研究会成立。1921年中国共产党成立，罗章龙要求公开自己的身份，得到蔡元培的同意。他不仅出席研究会成立大会，还发表讲话，提供办公用房。

有人认为蔡元培的主张，源于他曾在德国洪堡大学学习，受该校“思想自由，兼容并包”精神影响，有人则认为中国古代早就有“万物并育而不相害，道并行而不相悖”。(《中庸》)

（三）蔡元培主张“自由”的育才环境

什么叫自由？蔡元培在北大的实践作出了表率。

（1）听课自由。任何人来听课都可以。曹靖华回忆说，当时社会各行各业人士都可以进北大红楼听课。这在中国教育史上是空前的。当时北大的听课学生，有注册生、旁听生、选科生。曹靖华、沈从文、胡也频、毛泽东都是旁听生。旁听生、选科生优秀者可以转为正式生，发给文凭。

陆宗达在北大读书时整学期在南京中央大学旁听黄侃讲课，但是却拿到了北大文凭。

（2）要不要文凭自由。蔡元培说：“你要文凭，就得考试；你如果不要文凭，就不要考试。上课听你随便上，但是你对外不能称你是北大的学生，同时，你也不能有北大毕业的资格。”

（3）参加政治团体自由。蔡元培主张，学生应以求学为最大目的。年岁在20岁以上有政治兴趣者，可以个人资格参加政治团体，不必牵涉学校。

（4）学术观点自由。蔡元培主张白话文，但不绝对排斥文言文。在北大，黄侃大骂钱玄同；钱玄同在对面教室，如同未闻；梁漱溟同胡适唱对台戏，同时开讲。旧派对陈独秀不矜细行大力攻击，蔡元培说：“人才至为难得，若夫求全责备，则学校殆难成立。且公私之间，自有天然界限。”

（四）对北大旧教育制度的改革

蔡元培对北大旧教育制度的改革，是非常著名的。

（1）规定学生以研究学术为天职。“大学学生，当以研究学术为天职，不当以大学为升官发财之阶梯。”这项改革，一反过往，石破天惊。

（2）旧北大规定，新生入校，必须有一名京官为其担保。1919年，湖南一考生因不认识京官，写信给蔡元培，要求取消这一规定。蔡元培回信说，国外大学确无此规定，但在教授会开会取消之前，我愿意为你担保。

（3）原来的北大教师都是大人老爷，校工见到必须恭敬地行礼。蔡元培第一次到北大，校工排队向他行礼，他也鞠躬还礼。以后取消。

（4）蔡元培入主北大前，校务会开会必用英语，蔡元培上任后改为中文。

（5）北大在蔡元培任校长之前，无女学生。蔡元培任北大校长后，先斩后奏，开始招收女生。

（6）北大在蔡元培任校长之前，系称为“门”，蔡元培之后，改为“系”，沿用至今。

（7）蔡元培任北大校长后规定，考试不再公布分数，私下通知留级的学生，希望他们不要为分数而学，要为学问而学。

（8）蔡元培任北大校长之前，教授与学生之间几乎不发生联系。学生有事与学校联系要写“呈文”。校长同意后张贴出来。蔡元培改革之，促进了师生平等。

（9）蔡元培大力改进旧北大校风，发起“进德会”，分三个等级明确会员条件，分别为“三戒”“五戒”“八戒”，其中，“八戒”为：不嫖，不赌，不纳妾，不做官吏，不做议员，不吸烟，不饮酒，不食肉。

（五）蔡元培是爱惜人才的典范

（1）对“五四运动”中被捕的北大20名学生，蔡元培积极营救。他到段祺瑞最敬重的一位老前辈家中请求其出面帮助。

（2）章太炎、邹容被捕后，蔡元培每月必到监狱探望。邹容病逝后，蔡元培与其他革命党将其埋葬。

（3）蔡元培对刘开渠想到欧洲学雕塑的愿望积极支持，为解决刘开渠的路费，蔡元培特批预支半年工资，并帮他买到打折船票。

（4）瞿秋白被捕后，蔡元培说："像秋白这样有天才的人，在中国不可多得"，主张"不要杀他"。

（5）蔡元培一生推荐人才无数。他说："学生都是人才，亲戚都是庸才。"

（6）特殊对待陈独秀。陈独秀担任北大文科学长，黄侃、马裕藻颇为不满。有人发表《蔡元培为陈独秀编造假履历》说："为了使当时教育部批准陈独秀出任北京大学文科学长，造假说，陈独秀曾毕业于日本大学，曾在安徽高等学校担任校长。"

（7）破格录用24岁梁漱溟，梁漱溟无文凭、无学历、有真才。

案例

蔡元培邀请梁漱溟

1916年，23岁的梁漱溟将自己写的一本哲学书送给蔡元培，想换取在北大读书的机会。两人见面，不等梁漱溟发问，蔡元培就主动说："你的大作《究元决疑论》

我拜读过了，有胆识，有立论，见解独到。我这次到北大当校长，首当其冲的认为是广罗人才。我想你可以到北大来教印度哲学。”梁漱溟不敢答应。论学历，他只有中学；论学问，他是自学佛学，对印度哲学没有多少见识。但蔡元培执意相邀，他只好答应以后再议。几天后，梁漱溟应约来到校长办公室，梁漱溟再次说到自己的担心。蔡元培说：“你固然不甚懂得印度哲学，但我也没有发现旁的人比你更精通，而我要办好北大哲学系，印度哲学这门课非开不可。你的文章使我认定你是一个搞哲学的人才，你不妨大胆地干吧。”蔡元培一席话打动了梁漱溟，三年后梁漱溟写出了《印度哲学概论》。(《文史天地》2013 年第 7 期）

蔡元培邀请陈独秀

蔡元培执掌北大后，总想找个得力的文科学长。看到陈独秀发表在《新青年》杂志的文章，决定把陈独秀请过来。但是，陈独秀却是一介白丁：既没有学位头衔，又没有在大学任教的履历。为了说服教育部，一向真诚的蔡元培只好做了一次假。他为陈独秀编造了“东京日本大学毕业”的假学历，和“曾任芜湖安徽公学教务长、安徽高等学校校长”的假履历。陈独秀没有辜负蔡元培

的期望，在北大实践蔡元培“思想自由、兼容并包”理念，使北大大放光彩。(《文史天地》2013 年第 7 期)

链接

蔡元培领导下的北大人才济济

新文化运动猛将：陈独秀、李大钊、鲁迅、胡适、钱玄同、刘半农、沈尹默、吴虞、周作人。

旧学深厚的学者：黄侃、刘师培、黄节、辜鸿铭、崔适、陈汉章。

文科学者：马叙伦、马裕藻、陈介石、陈垣、孟森、杜国庠、章士钊、刘文典、陈寅恪、杨昌济、梁漱溟。

法科学者：马寅初、陶孟和、高一涵、王宠惠。

理科学者：李四光、颜任光、丁文江、任鸿隽。

（六）蔡元培总结的治学成才要诀

蔡元培在对刘海粟创办的上海美专礼堂落成题字时，写下了四个大字：“闳约深美”。其实，这是蔡元培研究古今中外大学问家成才规律而得出的科学结论。

闳，指学习中要把知识结构铺开，做到博大宏伟，融会贯通，为以后工作打下坚实基础。

约，指由博返约，突出个人专长风格，自成一家。

深，指要敢于突破，究本穷源，深化知识。

美，指要达到一种至高的思想境界，宽大无垠，永无止境。

（七）蔡元培论学术

“学与术可分为二个名词，学为学理，术为应用。”

“学必借术以应用，术必以学为基本，两者并进始可。”

“学应该重于术。”

“以学为基本，术为枝干。”

“治学者可谓之大学，治术者可谓之‘高等专门学校’。两者有性质之别，而不必有年限与程度之差。”

在基础理论与应用学科之间应该重“纯粹的科学”研究。

（八）蔡元培论育才模式的文理交融

蔡元培认为，“文理是不能分科的”。许多人有“专己守残之陋见”，如“治文学者，恒蔑视科学，而不知近世文学，全以科学为基础；治一国文学者，恒不肯兼涉他国，不知文学之进步，亦有资于比较。治自然科学者，局守一门，而不肯稍涉哲学，而不知哲学即科学之归宿，其中如自然哲学一部，尤为科学家所需要；治哲学者，以能读古书为足用，不耐烦于科学之实验，而不知哲学之基础不外科学，即是超然之玄学，亦不能与科学全无关系”。(《北京大学月刊发刊词》)

蔡元培说：“文科之史学、文学，均与科学有关，而哲学则全以自然科学为基础，乃文科学生，因与理科隔绝之故，直视自然科学为无用，遂不免流于空疏。理科各学，均与哲学有关，自然哲学，尤为自然科学之归宿。乃理科学生，以与文科隔绝之故，遂视哲学为无用，而陷于机械的世界观。”

蔡元培主张，文理兼习。

（九）蔡元培对大学治理结构的探讨

蔡元培是提倡“教授治校”的第一人。

1912 年，蔡元培主持起草《大学令》规定大学要建立评议会、教授会，并对其权力进行了明确规定。旧北大一切校务权力掌握在校长为首的少数几个人手里。他说：“我以为不妥，所以第一步组织评议会，给多数教授的代表议决立法方面的事；恢复学长权限，给他们分任行政方面的事；但校长与学长仍是少数，所以第二步组织各门教授会，由各教授与所公举的教授会主任，分任教务。将来更要组织行政会议，把教务以外的事务均取会议制。”

1917 年北大成立的“教务会”是全校的最高立法机构。1917 年，北大评议会通过《各科教授会组织法》，成立了各学科教授会。

1919 年，蔡元培在北大成立教务处、总务处，后者总管学校的人事与财政。

按照蔡元培的设想，学校应设立行政、教务、事务各方面的委员会，由有关教授分别领导，统一管理。大学事务由大学教授组成的教育委员会主持，校长也由委员会选出。

至此，北大基本确立了民主治校的领导体制。

十八、梁启超的人才思想

（一）梁启超其人

梁启超，字卓如，一字任甫，号任公，又号饮冰室主人。广东新会人，1873—1929 年在世。梁启超的少年时代是在家乡度过的。他 9 岁就可以写出洋洋洒洒的千字文章，属于少年神童。16 岁高中举人。18 岁入京会试。1895 年与康有为联合各省公车上书，成为维新变法的领袖人物。1902 年创办《新民丛报》，鼓吹革命。之后到美洲、日本、澳大利亚游历。1912 年孙中山就任中华民国临时大总统后，梁启超称赞共和。1918 年，梁启超以巴黎和会中国代表团会外顾问记者身份，担负起为国家争取利益的重责。

梁启超的一生，正如其一个传记撰写人所言：人生传奇而伟大；学问广博而精深；思想丰富而深邃。他具有甘为万矢之的的牺牲精神与伟大的爱国主义情怀。在人才思想方面，他思维开阔，独具特色，值得认真研究、学习、继承，发扬光大。

梁启超18岁听闻“大海潮音”

梁启超18岁的时候，经学海堂陈千秋（字通甫）的介绍，拜访了康有为先生。在康有为面前，梁启超因自己已为举人，表现出沾沾自喜的心态。康有为“乃以大海潮音，作狮子吼，取其所挟持之数百年无用之旧学，更端驳诘，悉举而摧陷廓清之”。此时的梁启超感到自己遭到当头棒喝，被批判驳斥十几个小时，犹如冷水浇背，惊喜交加，无以言表。

第二天再去请教，康有为便对其大讲陆王心学、史学、西学，使其发生重大思想转折，成为康有为的弟子，也是其真正做学问的开端。

（二）梁启超的人才标准：新民

梁启超很早就提出要培养现代人。那么，什么叫现代人呢？他说，要具备“品行、智识、体力”三要素，能够“具备资格，享有人权”。能自动、自主、自治、自立，为本国之民，为现今之民，为世界之民。

梁启超还说，只有培养国民的元气，才能造就“新民”。一个国家关键是具有新民，有了新民就有了一切。“苟有新民，何患无新制度，无新政府，无新国家”。对于新民，梁启超还指出，他们是有新道德、新思想、新精神的人，是具有国家思想、权利思想、政治能力、冒险精神以及公德、私德、自由、自治、自尊、尚武、合群、生利、民气、毅力等特质的人。

怎样造就这样的新民？针对国民的落后性：奴隶性、愚昧、为我、好伪、怯懦、无动、爱国心薄弱、作旁观者等，梁启超认为，可以采取两种造就方法：一是淬厉其所本有而新之，二是采补其所本无而新之。中国国民要具备公德、国家思想、权利思想、自由思想、自治力、尚武精神、合群思想、良好的私德等现代精神，方可成为中国新民。

（三）梁启超主张“本能教学法”

梁启超认为，作为大学教师，首要的责任是着力培养学生的独立研究能力，就是要开发出学生固有探究事物的能力。他说：做学问之要点，吾以为开发本能为不二法门。孔子曰，“人能弘道，非道弘人”。苏格拉底亦云，“余非以学教人，乃教人为学”……是以教授之法，系教师引导学生做学问，教师无给学生学问之责任也……学而能触类旁通，开发真本能，以致用，而为己也。

在实际教授活动中，与一般教授仅仅向学生传授自己的研究所得不同，梁启超十分重视在方法上指导学生。他讲的课有“中国历史研究法”“读书即读书示例”。

（四）梁启超倡导学术独立精神

梁启超认为，在春秋战国的时候，学术界还没有奴隶型，但是西汉以降，思想自由渐遭限制。如果没有自身的学术自由，即使手拿西方书本，而其奴隶性自存。什么是精神？精神就是一种常有的、独立自主的、不依傍任何门户、不拾人唾余的气概。他一方面大力介绍西方政治学术进步情况，另一方面大呼中国应当“得其大原而普用之”。他说，学者之大患，莫过于自己没有耳目而以古人耳目为耳目；自己没有思想而以古人思想为思想。这对于学术界有百害而无一益。他主张：“我有耳目，我物我格，我有心思，我理我穷。”

（五）梁启超“海潮狮吼”式的讲学风格

梁启超在人格方面极具感召力。不仅文章写得好，而且演讲风格特殊。一位学生在回忆文章里说：“先生讲学的神态有如音乐家演奏，或戏剧家表演：讲到幽怨凄凉处，如泣如诉，他痛哭流涕；讲到激昂慷慨处，他手舞足蹈，怒发冲冠！总之，他能把整个的灵魂注入他要讲述的题材或人物，使听者忘倦，身入其境。”当然，能够做到这一点，背后是其学贯东西、会通古今的学问功底。

一位研究梁启超的专家说，现在的大学老师可借鉴梁启超用课题与学生交流、讨论的方法，广征博引、充满启发性和强烈感染力的“海潮狮吼”式的教学法。

（六）梁启超论学会的育才功能

梁启超认为，西方国家重视社会群体，国群叫议会，商群叫公司，士群叫学会。而学会是议会、公司的母体。他还认为，学会和学校是一对姐妹，欧洲近百年来称雄天下，得益于学校和学会。而且学会并非发源于西方，孔子、孟子聚徒讲学就是学会最初的表现。

梁启超指出，中国各地被勘测，“测绘舆图，考验物矿”，是英国地学会所为，但国人面对外国的文化侵略却无计可施，“无术以相禁”，不能从技术上加以抵制。这就是一个很有说服力的例子。

梁启超大声疾呼，“今欲振中国，在广人才；欲广人才，在兴学会”（《论学会》）。“一年而豪杰集，三年而诸学备，九年而风气成”。有了好的学术风气，必然产生良好的效果，新法层出不穷，民用丰富，人才日增，成为国家骨干。

梁启超认为学术势力左右世界

梁启超认为“一国之进步，必以学术思想为之母，而风俗政治者皆其子孙也。”

1902 年，梁启超写下《论学术之势力左右世界》一文，着重论述学术改变世界的伟大力量。梁启超从历史中认识到，是哥白尼的地圆之说开辟了美国；是培根、笛卡尔的哲学扫除了欧洲几千年的奴性。

（七）梁启超论什么叫百家争鸣

民国时期的东南大学学者云集，不少人公开讲学，很是热闹。有人就说，只有历史上的百家争鸣才能与今日的盛况媲美。

梁启超说：这种说法非常不合适！主要是没有新的东西。诸子百家各有独到之处，2000 年后的今天还值得重新估定它的价值。今天的自由讲学几乎找不出一种独立见解，不过二三十年后，就被人们遗忘得一干二净了。

（八）梁启超开创一代文风：新民体

梁启超主张采用俗语写作，因为文言文过于阻碍新思想的传播。梁启超的文章，通俗易懂、雅俗共赏。文笔活泼，条理明晰，“纵笔所至不检束”，充满感情力量。当时人称其为“新民体”，为白话文运动开启了大局面。梁启超影响了毛泽东。毛泽东读到《新民丛报》说，“读了又读，直到可以背出来”。他还模仿梁启超的文体写文章。甚至效仿梁启超自号“任公”，为自己起名“子任”。

胡适 12 岁开始阅读《新民丛报》，一下子就被迷住了。28 年后他说：“我个人受了梁先生无穷的恩惠。先生追想起来，有两点最分明。第一是他的《新民说》，第二是他的《中国学术思想变迁之大势》。……我们在那个年代读那样的文字，没有一个不受他的震荡感动的。”

（九）梁启超论胎教与国家强大的关系

胎教之说，始于《大戴礼记》。之后，王充《论衡》、刘向《烈女传》、孙思邈《备急千金要方》、康有为《大同书》等均有记载。大致意思是说妇女怀孕后，要“目不视恶色，耳不听淫声，口不出傲言，能以胎教”。到了魏晋时期，颜之推在《颜氏家训》里说：“古者，圣王有胎教之法：怀子三月，出居别宫，目不邪视，耳不妄听，音声滋味，以礼节之。书之玉版，藏诸金匮。”

梁启超指出，西方人对胎教重视，源于对人种学的重视。当今治国的三件大事为保国、保种、保教。女子习体操，对于肤革充盈、筋力强壮、种族进化意义重大。

（十）梁启超论妇女人才解放

梁启超对于妇女人才的关注，突出表现在1896年所写的《上海新设中国女学堂章程》之中。他认为，社会应该关注女权。男女智慧平等，能力才可能平等。在政治平等方面，他首先反对妇女缠足。认为缠足有害养生，有害传种，有害养蒙，有害修学。主张妇女应该享有与男人一样的政治平等权。在教育平等方面，他主张应积极创办女学。要实行男女职业平等。

晚清政府，不允许女子接受新式教育；上学时，不允许男女一起走路；在公共场合，男女也被隔离起来。这对广大女性是极不公平的，不知扼杀了多少有才华的女性。

梁启超将妇女教育看作国民教育的组成部分、重要环节，具有思想解放的意义。研究梁启超教育思想的专家说，女子教育能够在中国普遍展开，迅速推行，与梁启超力排众难、大力鼓吹宣传有关。在发展近代中国女子教育方面，梁启超所作出的贡献，是无法估计的。

（十一）梁启超论师范教育

光绪二十八年（1902 年）清政府颁布了张百熙奏呈的《钦定学堂章程》，其中讲到“欲求教员，最重师范”。

早在 1898 年，梁启超受军机大臣与总理衙门张百熙的委托，拟定《京师大学堂章程》时就提出过，要在学堂中设立师范斋，以培育师资。

梁启超对师范教育的重视还表现在 1913 年他为熊希龄内阁所拟《政府大政方针宣言书》里。他认为“国民教育，以培养师范为先”。“今日大患，在国中才智之士，罕肯从事教育。故师范愈隳，而学基愈坏”。他主张，师范乃国民教育的根基，城镇乡之自治事业有赖于从师范着手。

梁启超还认为，师范教育要培养合格的“才任教习者”，应重视培养师范生掌握正确的教学方法。他提出的几个教育原则是：循循善诱、循序渐进、因材施教、寓教于乐、学用结合。

（十二）梁启超对美育教育的重视

梁启超认为，从表面看，美术是情感的产物，科学是理性的产物。实际上，美术与科学有许多相同之处。

它们之间有一条秘密通道。

美术与科学的共同点是均高度重视观察与分析。观察自然是美术与科学共同的钥匙。

梁启超还认为，美术学校有两个方面的任务，一是要培养美术人才，培养能够享受美术的人，把美术的基础构筑坚固；二是要培养更多的美术家。在培育美术人才的同时，要搞好美育，不能单一地为美术而美术，只重视技法，不重视育人。人生活于趣味之中，没有趣味便不成生活。美术教师应提高自身美术修养，具备丰富的美感，激发国民的生活趣味。

附录：本书历史人物生卒年表

管仲：公元前 725 年—前 645 年。

老子：公元前 571 年—前 471 年。

孔子：公元前 551 年—前 479 年。

孟子：公元前 372 年—前 289 年。

墨子：约公元前 480 年—前 390 年。

庄子：约公元前 369 年—前 286 年。

韩非：公元前 280 年—前 233 年。

吕不韦：生年不详—前 235 年。

曹操：公元 155—220 年。

刘劭：约公元 172—250 年。

李世民：公元 599—649 年。

武则天：公元 624—705 年。

欧阳修：公元 1007—1072 年。

司马光：公元 1019—1086 年。

龚自珍：公元 1792—1841 年。

曾国藩：公元1811—1872年。

蔡元培：公元1868—1940年。

梁启超：公元1873—1929年。

图书在版编目（CIP）数据

中国历代名人人才思想汇编 / 王通讯编著. —北京：党建读物出版社, 2024.6

（中国古代人才思想丛书）

ISBN 978-7-5099-1574-5

Ⅰ. ①中… Ⅱ. ①王… Ⅲ. ①人才学—思想史—研究—中国 Ⅳ. ①C96-092

中国国家版本馆CIP数据核字（2024）第049921号

中国历代名人人才思想汇编
ZHONGGUO LIDAI MINGREN RENCAI SIXIANG HUIBIAN
王通讯　编著

责任编辑： 郭涛
责任校对： 张学民
装帧设计： 也在
出版发行： 党建读物出版社
地　　址： 北京市西城区西长安街 80 号东楼（邮编：100815）
网　　址： http://www.djcb71.com
电　　话： 010-58589989 / 9947
经　　销： 新华书店
印　　刷： 北京中科印刷有限公司
2024 年 6 月第 1 版　2024 年 6 月第 1 次印刷
880 毫米 ×1230 毫米　32 开本　6.75 印张　116 千字
ISBN 978-7-5099-1574-5　定价：20.00 元